NON-BINARY CONCERTO

ノンバイナリー協奏曲

「もう息子と呼ばないで」
と告白《カミングアウト》された私の800日

AMYA MILLER
アミア・ミラー

集英社

夫に感謝。
母に感謝。
父に感謝。
時々ボヤいていた弟にも感謝。
セーラに感謝。
誰よりも私とデヴィッドの大切な子、
アレックスに感謝する。
そして、日本のエディターチームに感謝。
編集の宍戸さん、ライターの佐藤さん、
集英社の武田さん、川又さん、
あなたたちは私のアライです！

CONTENTS

Book Design : albireo
Coverr Illustration : Matsushima Yuki
Editorial Staff : Shishido Kenji(KEN EDITORIAL WORKS), Sato Hiromi
Portrait Photograph : Holli With an I Photography

ノンバイナリー協奏曲

「もう息子と呼ばないで」と告白《カミングアウト》された私の８００日

この本を開いてくれたあなたに

はじめまして。本書の著者、アミア・ミラーです。

この本は私と同じような立場にいるノンバイナリー当事者の親をはじめ、当事者の周囲にいる方々のために書きおろしたものです。私の身に起きた事実を、私の視点から、自分の日記やメモ、家族の記録や記憶を確認しながら書いたノンフィクションです。プライバシーの観点から一部の名前や職業などを変更していますが、創作したエピソードは一つもありません。

もしかしたら、あなた自身の経験と重ねて苦しくなる箇所もあるかもしれません。

読んでいて「キツイ」「もうダメ」と感じた方は、そこで本を閉じてください。過去の苦しい体験を思い出したり、もう一度辛い経験をしていただく必要はありません。

この本は、当事者に大きく関係ある話ですが、当事者向けのものではありません。私は当事者ではなく、当事者の親です。まだまだわからないことばかりですが必死に勉強し、子供と話し合い、いろいろな方々の経験を読んだり、聞いたりする中でわかったこと、感じたこと、そして理解できなかったことを正直に書きました。

「当事者にしか当事者の気持ちはわからない」

この本の出版を快諾してくれた、ノンバイナリー当事者である私の子供と、そのパートナーから何度も言われたことです。

正直に言います。子供たちにそう言われる度に何度も飲み込んできた思いがありました。「あなたたちにも私の気持ちはわからない」。確かに子供の言うことは正しい。そのとおり。当事者でない私にわかるのは、当事者の親の気持ち、正確に言えば、「当事者の親となった自分」の気持ちでしかありません。それでも私は大切な人を理解したい。同じような思いを抱いている人を応援したい。そして、個人の尊厳はいうまでもなく、意見、経験、選択を尊重することからしか始まらないことがあると強く信じています。

お互いに理解し合う環境を作り上げていく――難しいのは十分理解しています。でも、無理な話だとは思いません。私にできることは、私の経験を当事者の周りにいる人に伝えること。そのためにこの本を書く決心をしたのです。大事な話です。じっくり時間をかけて読んでいただき、いつか一緒にお話しできる日が来ると信じています。

なお、本書には、過去に私の抱えていた無知や偏見、苦悩などを知っていただくために、あえて当時の理解や考えのまま残してある箇所があります。私も間違っていた、勘違いしていた――こう気づくまで時間がかかりました。正しい知識や理解を阻むことが目的ではありません。説明や注を置くなどして、誤解や偏見を深めないようにしたつもりですが、読み進めていく途中で疑問を感じたりわからないことがあったら、次ページから用語などの概要をまとめましたので、戻ってきて理解を深めていただければと思います。

ＬＧＢＴＱ＋を理解するための基本的な用語解説

ＬＧＢＴＱ＋やノンバイナリーを取り巻く環境は、日々変化しています。私が子供のカミングアウト以降、ＬＧＢＴＱ＋についての知識や情報を得るために一番参考にしたのは、アメリカの「ＰＦＬＡＧ」*という当事者向けＮＰＯ団体のサイトです。全米で最大規模のＮＰＯですが、日本とはカテゴリーや定義などでも若干異なる点があったり、情報の更新や訂正も頻繁に行われます。そのたびに、私は新しい情報や定義を学び、用語や考え方についてもアップデートしてきました。読者の皆様も、最新の知識、正しい情報にはご自分でアクセスしていただければと思います。なお本書ではＬＧＢＴＱ＋関連の用語や説明は、アメリカで一般的になっている定義ではなく、「ＬＧＢＴ法連合会」†という日本の団体がまとめた「ＬＧＢＴＱ報道ガイドライン」（２０２２年４月）をベースにしています。

*https://pflag.org/find-resources/
†https://lgbtetc.jp

◆ノンバイナリーとは？

自分の性を「男性」「女性」という二元論にとらわれていない人たちのことで、性自認（ジェンダーアイデンティティー）のカテゴリーの一つです。

英語の「binary（バイナリー）」とは、〝二つの〜〟や〝二つから成る〟という意味で、主に形容詞として用いられますが、本書で使われているノンバイナリーの〝バイナリー〟は、「男性」か「女性」か、という概念を表しています。

つまり、ノンバイナリーとは自分の性について「男性でも女性でもない」、もしくは「男性でもあり女性でもある」「どちらとも言い切れない」と考えることが、自分にとって一番しっくりくると思える人たちのことを指しています。

また近年、ノンバイナリーは、さまざまな考え方から多様な種類が存在していますが、まだ自分のジェンダーがはっきりと定まっていない〝クエスチョニング〟や〝ジェンダークィア〟、〝Xジェンダー（エックスジェンダー）〟を包括する場合もあります。

Xジェンダーは、主に日本でノンバイナリーとほぼ同義の意味で使われてきましたが、現在では英語圏同様、ノンバイナリーを用いられることが増えています。

♦性別とジェンダーの違いについて

生物学的な「性別」「性差」を指す言葉として英語では「セックス（Sex）」という語が用いられてきました（日本語でも英語でも、単に「性別」のことだけでなく「性行為」を指すこともあります）。

しかし、近年では「性差」を表す言葉として生物学的な性差を表す「セックス」に加えて、「ジェンダー（Gender）」という言葉が使われるようになりました。

「ジェンダー」とは「社会的・文化的な性差の概念」を指し、世界保健機関（WHO）によると〈「ジェンダー」は、特定の社会が男性と女性を適切に尊重する社会的に構築された役割、態度、活動、属性のことを指し、「性（Sex）」とは、男と女を定義する生物学的、生理的特徴のことを指す〉となっています。

本書で表されている「ジェンダー」とは、WHOで定義されたジェンダーからさらに進んだ社会的、文化的な性自認（ジェンダーアイデンティティー）のことを指していて、単なる「性別」のことではありません。

◆「性のあり方」を4つの要素から整理する考え方

・法律上の性
……出生時に割り当てられた性別をもとに戸籍などに記載された性別。
・性自認（ジェンダーアイデンティティー）
……自分の性別をどう認識しているのか。
・性的指向（セクシュアルオリエンテーション）
……恋愛感情や性的な関心がどの性別に向いているか、向いていないか。
・性別表現（ジェンダーエクスプレッション）
……服装や髪型、言葉遣い、しぐさなど、自分の性別をどう表現するか。

このうち、性的指向（Sexual Orientation）と性自認（Gender Identity）の頭文字を取った「ＳＯＧＩ（ソジ）」、性別表現（Gender Expression）を加え「ＳＯＧＩＥ（ソジー）」という言葉が用いられることもあります。「ＳＯＧＩ（ＳＯＧＩＥ）」は、性的マイノリティーだけでなく、すべての人に関係する属性や特徴といえます。

◆ＬＧＢＴＱとは

・レズビアン（Lesbian）
……性自認が女性で、性的指向が同性に向く人。女性同性愛者。
・ゲイ（Gay）
……性自認が男性で、性的指向が同性に向く人。男性同性愛者。
・バイセクシュアル（Bisexual）
……性的指向が男女どちらにも向く人。両性愛者。
・トランスジェンダー（Transgender）
……生まれた時に割り当てられた性別と性自認が異なる人。
・クエスチョニング（Questioning）
……自身の性のあり方について特定の枠に属さない人、またはわからない人、決めていない人など。
・クィア（Queer）
……規範的とされる性のあり方以外を包括的に表す言葉。

◆＋（プラス）、その他の性のあり方とは

他にも、性的指向や恋愛対象などから整理した、さまざまな性のあり方が存在します。

・アロマンティック（Aromantic）
……他者に恋愛的に惹《ひ》かれない人。

・アセクシュアル（Asexual）
……他者に性的に惹かれない人。

・パンセクシュアル（Pansexual）
……性的指向が性別にとらわれない人。全性愛者。

・ヘテロセクシュアル（Heterosexual）
……性的指向が異性に向く人。異性愛者。

また、ジェンダーアイデンティティーに違和や疑問を抱かずに生きてこられた「普通」とされてきたカテゴリーにいる人をシスジェンダーといいます。

・シスジェンダー（Cisgender）
……出生時に割り当てられた性別に違和感がなく性自認と一致し、それに沿って生きる人。「ストレート（straight）」ともいう。

♦カミングアウトとアウティング

自分の性のあり方を自覚し、誰かに伝えることを「カミングアウト」といいます。また、誰かの性のあり方を当事者本人の同意なく第三者に暴露してしまうことを「アウティング」といいます。

性的マイノリティーの当事者にとって、カミングアウトは依然として極めて困難な状況を伴います。なぜなら、自らの性のあり方をあきらかにすることによって、より一層の差別や偏見を受けてしまうことが懸念されるからです。厚生労働省が委託実施した調査においても、職場で誰か一人にでも自身が性的マイノリティーであることを伝えているという人は、レズビアン・ゲイ・バイセクシュアルのたった7・3%、トランスジェンダーの場合は、15・8%と、2割にも満たない結果でした。また、アウティングは、プライバシーの侵害につながり、生命にかかわるほどの深刻な影響をもたらす可能性があります。2020年11月、東京高等裁判所はアウティングを「人格権ないしプライバシー権などを著しく侵害するものであって、許されない行為」と示しています。

はじめに

読者の皆さん、改めましてこんにちは。私はアミア・ミラー。日本生まれ、日本育ちのアメリカ人です。現在は、夫とともにアメリカのワシントン州シアトルで暮らしています。

突然ですが、もしあなたに娘がいて、ある日、「私は娘じゃなくて、息子かもしれない」と言い出したら、どうしますか？

もしあなたに息子がいて、「自分は、男性でも女性でもないから、もう息子と呼ばないで」と言われたら、どうしますか？

我が子のいきなりの告白に驚いたり戸惑ったり、拒絶したり、やはりそうだったのか、と感じたり……反応はさまざまにしても、それでもやはり、理解して受け入れようとする、という方が今の時代は多いのではないでしょうか。近年、ＬＧＢＴＱ＋*の問題はニュースなどでもよく取り上げられているし、カミングアウトする人も増えて、当事者の友人がいる人も少なくな

*レズビアン、ゲイ、バイセクシュアル、クィア、クエスチョニング、プラスアルファの意味の略称。詳しくはp8「用語解説」を参照のこと。

いかもしれません。性的指向や性自認、その表現方法など人権を尊重することは当たり前の時代です。そういう私もＬＧＢＴＱ＋の問題に対して自分はよく理解しているつもりだし、寛容なスタンスでいると思っていました。

あの日までは――。

２０１２年のある日、当時、大学生だった息子が、突然、カミングアウトしたのです。「自分はバイセクシュアル」だと。今の恋人は女性だけど、男性と付き合う可能性もあるかもしれないと言うのです。

さらに２０２０年、今度は「自分はノンバイナリーだ」と言いました。「自分は男でも女でもない。だから『息子』と呼ばないでほしいし、『彼』という代名詞も使わないでほしい」と言われて、私たち夫婦は呆然《ぼうぜん》としました。

「バイセクシュアル」も「ノンバイナリー」も言葉としては知っていましたが、ＬＧＢＴＱ＋のリアルを何も知らなかったし、まさか自分の生活に入り込んでくるとは夢にも思いませんでした。もしこれが友達の息子の話だったら、「家族なんだから受け入れてあげなくちゃ」と友達にアドバイスしていたに違いありません。でも、問題が「他人《ひと》ごと」から、「自分ごと」になって、初めて私はＬＧＢＴＱ＋とちゃんと向き合うことになったのです。なにより一番ショックだったのは、自分の子供がノンバイナリーであることを受け入れる難しさを抱えている、という自分自身に対してでした。

子供のことを理解したいと思えば思うほど、悩みは深くなり、現実を受け入れることのできない自分に落ち込みました。図書館のあらゆる本を読んで勉強してはつまずき、呆然と立ち止まってはまた転ぶという日々を2年以上過ごしました。

本当に辛かった。自分の周りにいる友人や親戚にどこまで話してよいのか。私と同じ経験をしている人はどこにいるのかと、眠れない夜を過ごしました。

そんな私の闘いを、きれいごと抜きに、できるだけ正直に綴《つづ》ったのが本書です。

では、どうしてアメリカ人の私が、日本語でこの本を書くことになったのか。自己紹介がてら、私のヒストリーをお話ししたいと思います。

私の両親はアメリカ人ですが、仕事の関係で来日し、そこで私が生まれました。もう50年以上前の話です。高校卒業まで日本で育った私は、母国語は英語ですが、ほとんどネイティブと同じように日本語を話すことができるし、また聞くことも理解することもできます。日本人の血は流れていませんが、私にとって日本は第二の故郷と言っても過言ではありません。

アメリカに戻ってからは、ごく「普通」の時間を過ごしました。どこにでもいるアメリカ人の大学生らしく、ヨーロッパなどを旅して、さまざまな国の文化に触れたり交流するうちに、言語を通じてコミュニケーションを深めることに大きな関心を持ちました。大学時代に知り合った同級生のアメリカ人男性と恋に落ち、卒業後すぐに駆け落ち同然で結婚（私が23歳、お相手が22歳！　若かった！）。それが現在の夫、デヴィッドです。彼も私の影響で日本酒が大好きになってしまったことをのぞけば、平均的なアメリカ人男性です。

一人息子を授かり、ありふれた日常を送っていた私たち。自分が女性であることやアメリカ人であることについて、何か疑問を抱いたこともなかったし、むしろそれらのことはあまりに当たり前すぎて、意識したことすらなかったのです。

それが息子の「告白」によって、これまでの価値観を大きく揺さぶられることになりました。

さらにショックが大きかったのは、それまで私が得意としていた「言葉」が、ＬＧＢＴＱ＋を理解するうえで大きな障壁となったことです。

私はアメリカの大学を卒業したのち、日米の懸け橋となる仕事がしたいと思い、新卒で通訳兼翻訳者として日本の企業に就職しました。その後も日米をつなぐビジネスコンサルティングの仕事やアメリカ連邦政府の通訳、また東日本大震災の時には、東北の復興に携わるなど、常に両国の間に立って仕事を続けてきました。

その中で最も大切にしてきたものは「言葉」でした。

言葉は私たちのコミュニケーションには欠かせないものです。言葉の使い方によって、自分と他人をつないでくれたり、逆に孤立させたりもしますし、この世界が存在しているのも言葉が大きな役割を果たしていると私は思っています。言葉は道具であると同時に力でもあるのです。その「言葉」を35年もの間、仕事の中心に置いてきた私は、言葉の使い方や言葉の意味について自信を持っていました。

ところが息子のカミングアウトによって、その自信は一気に打ち砕かれました。息子の呼び方一つに躊躇《ちゅうちょ》して、すぐに言葉が出てこない。自分の気持ちを他人に伝えようとしても言葉がまるで見つからない。言葉が見つからないことでさらに気持ちが絡まって複雑化し、考えれば考えるほど悩みが増幅していきました。

悶々《もんもん》とする中、同じ悩みや苦しみを抱える人と出会い、書籍やインターネットから情報を得たことで、なんとか自分の言葉が見つけられるようになり、かつての自分を取り戻すことができましたが、長い時間がかかりました。

また、LGBTQ+への理解を深めていく過程で一番驚いたのは、時代が変化するスピードの速さでした。いつの時代も人は「最近の若者は……」などと笑ったり首をかしげたりするものですが、ここ数年の変化のスピードは、以前と比べると恐ろしいほどです。

特に40代より下のミレニアル世代*、Z世代†の考える「普通」の定義は、私たちとは大きく違います。そのうえ、彼らの「普通」は、驚く速さで変化していて、勉強し続けてアップデート

＊一般的に1981年頃〜1996年頃生まれの世代を指す。「Y世代」ともいう。
†誕生年が1996年以降2012年頃までの世代を指す。

しなければ、それについていけないのです。とりわけＬＧＢＴＱ＋に関連する言葉や当事者たちの考え方、社会のありようも日々変化しています。

彼らの考える「普通」や「常識」が、私たちのそれと大きくズレていることで、親子であっても意思疎通がとても難しく、以前のようにお互いが理解し合えていると感じるまでに、とても長い時間がかかってしまうのです。

私が本書を書いたのは、カミングアウトをした子供を持つ一人の親としての私の体験が少しでも相互理解の手助けになればと思ったからです。アメリカでの出来事なので、日本の状況とはまた違いますが、読者の方々に私の経験したこと――失敗した、と後悔していることも含めて正直にお伝えすることは、ＬＧＢＴＱ＋やノンバイナリーのことをより深く理解する一助になるのでは、と。

それと同時に、予期せぬカミングアウトをした子供には必ず親がいて、その親たちはみんな仲間であるということを知ってもらいたいのです。私自身、「親の会」に参加して気持ちを分かち合えたことで、本当に救われました。

日本でＬＧＢＴＱ＋のことが真剣に語られ始めたのは、ごく最近のことです。さらに「ノンバイナリー」にいたっては、このようなジェンダーアイデンティティーがあることを知らない人もまだ多いのではないでしょうか。

今後、日本でも私と同じような経験をする親がたくさん現れるはずです。いえ、すでにたくさんいるのだと思います。日本は同調圧力が強い社会なので、ＬＧＢＴＱ＋の当事者も、その親も私以上の苦労があるのではと推察します。

私自身は、「シスジェンダー（『出生時に割り当てられた性別』と『性自認』が一致している）」なので、ＬＧＢＴＱ＋の当事者の気持ちの本当のところはわからないけれど、その親の気持ちは十分すぎるほどよくわかります。宗教、地域の特性、文化の違いや生活環境によって、同じ親と子でも、その関係性には違いがあるとは思いますが、私の経験したことの中から、一つでも共通点を見つけ出すことができたなら、ほんの少し気持ちが楽になるのではないでしょうか。「カミングアウトした子供の親」の悩みが本書によって少しでも和らぐのであれば、これに勝る喜びはありません。

第1章

カミングアウトは突然に

最初のカミングアウト

2012年12月、クリスマスの数日前。私はアメリカ東海岸のボストンにいた。当時は仕事の関係で単身、東京に住んでいたのだが、クリスマスを家族と一緒に過ごすために冬休みを利用して一時帰国したのだ。

私の名前は、アミア・ミラー。46歳。家族や友達からはエイミーと呼ばれている。アメリカ人の両親の間に生まれたアメリカ人の女性である。

夫のデヴィッドも私と同い年の46歳。一人息子のアレックスは、21歳の大学4年生だ。母親のひいき目かもしれないけれど、結構ハンサムだと思う。私たち家族は、離れて暮らしていても、文句なしに幸せだ。

私は2011年の12月から家族と離れて日本で一人暮らしを始めていた。3月に発生した東日本大震災の被害状況をテレビで見て、自分が生まれた地である日本のために何かしたいと考え、直後の3月末にはボランティアとして東北に足を運んだのだった。その時はそんなに長い期間ボランティア活動をするつもりではなかったが、津波が残した爪痕《つめあと》と人々の心の傷に驚愕《きょうがく》し、長きにわたって役に立ちたいと思った私は、単身で日本に住むことにしたのだ。

東北での復興関連の仕事はやりがいもあり、意味のある仕事でもあったので、とても充実した日々を送ることができたが、さすがに誕生日やクリスマスには一緒に祝ってくれる人が恋しくなる。そんなわけで久しぶりに夫の住むボストンに戻ってきたのだ。そして、年明けにはまた日本に戻る予定だった。

クリスマスは、夫の実家があるフィラデルフィアにみんなで集まってパーティーをしようと夫の母親から言われていた。私もデヴィッドもアレックスもフィラデルフィアは遠いし行くのは気が進まなかったが、夫の両親の年齢を思うと、家族全員でのクリスマスもあと何回残されているのかとついつい考えてしまう。また、夫の姉妹家族も来ると聞いたので断るわけにはいかなかったのだ。

アレックスは荷造りもせずに部屋でガールフレンドと電話でお話し中。私と夫は、スーツケースを引っ張り出して、必死に荷造りをしていた。私は夫の両親、義理の姉と妹たち、甥《おい》っ子、姪《めい》っ子へのプレゼントをもう一度確認して、大きなトートバッグへ詰め込んだ。今年の冬はとにかく寒い。セーターとコート、手袋と靴下、タイツやジーンズなどの防寒対策もしっかりとしなくては。

デヴィッドの両親は敬虔《けいけん》なクリスチャンだ。クリスマスイブには教会に行くのでちょっとおしゃれなドレスとスーツも持って行かなくてはいけない。荷造りをしながらクリスマスソングを聴いて、気持ちを盛り上げる。ボストンから実家のあるフィラデルフィアまでは、車で7時間もかかるのでそろそろ出発しないと間に合わなくなるかもしれない。

「アレックスは荷造り終わったのか？」とスーツケースを閉めながら夫が言う。

私は「わからない。聞いてみるね」と言って、寝室からアレックスの部屋へ向かった。

ドアをトントンと叩《たた》くと、携帯電話を耳にあてたままアレックスがドアを開けた。ここ数年、髪を伸ばしているのでカールしたロングヘアが素敵だ。髭《ひげ》もしっかりと生えていてかっこいい。母親の私から見てもチャーミングだと思う。

「何？」とアレックスが聞いてきた。

「あなた、荷造り終わったの？」

「終わってない」

「荷造りしているの？」

「してない」

「そろそろ出ないと間に合わなくなるから、早くパッキングしてよ」

「わかったよ」と返事をしながらも、まだ電話での会話を続けている。ドアから離れない私に気づいたアレックスが、「ごめん、本当に行かないと」とガールフレンドのラナに言った。「また後で電話をするよ」と最後に言って電話を切った。


アレックスがこの春から付き合っているラナには一度しか会ったことがないが、本音を言うとアレックスとは長続きしないだろうと考えていた。そして〝彼女がアレックスのお嫁さんになるのは嫌かも〟とも思っていた。どう考えてみてもアレックスが好きなタイプではない。息子の結婚相手のことを考えるなんて気が早すぎる？　いや、私がデヴィッドと出会ったのも大学４年生の時だったし。そんなことを考えながら、スーツケースとトートバッグ、パソコン、ハンドバッグを車に詰め込み、忘れ物がないか最後の確認をしているところに、ようやくアレックスがスーツケースを持って現れた。

「道路が混む前に出発しよう」とデヴィッドが声をかけてきた。

私たちが住んでいるボストンから、夫の実家があるフィラデルフィアまでは主に高速道路で行くことができる。少し遠回りにはなるがニューヨークを避けて、北からニュージャージー州に入る。それが私たちのいつものルートだった。クリスマスシーズンのニューヨーク周辺はいつも渋滞するので、夫はそれを避けたいのだ。

早めに出たと思っていたのに、クリスマスをニューヨークで過ごす人と各地の実家に向かう家族で高速道路はすでに渋滞していた。

「あ〜、これだから嫌なんだよ」とデヴィッドが愚痴《ぐち》る。

「仕方がないわよ」

私はクリスマスソングのCDをかけて気分転換をはかる。このままいけば実家に着くのに9時間はかかるだろう。さすがクリスマスシーズンだ。

渋滞が苦手な夫に運転のイライラを忘れてもらいたくて、私はとにかく彼に話しかける。私の仕事について、彼の母親からの電話について、従兄弟《いとこ》から聞いた話などで、1時間半が経過した。運転を交代するためにサービスエリアに入ると、今度は私が運転をする番だ。今度のおしゃべり係はアレックス。大学の宿題の出し方が不公平だ、卒業後の進路について、いい仕事が見つかるかどうかなど、アレックスが私に一方的に話しかけてきて、また1時間半が経過した。高速道路上の車の数は減らないものの、そんなに時間がかかっている感じもしない。私たち三人はおしゃべりが得意なのだ。次はアレックスが運転する番だ。私は後ろの席に移動し、夫が助手席に座った。夫とアレックスが最近観た映画について話し始めたので、私は目を閉じて休憩する。このパターンを何度か繰り返し、９時間弱をかけて、ようやく夫の実家に到着した。

到着を待ちわびていた夫の両親は大喜びで出迎えた。私はシナモンの匂いのするキッチンから家に入るとスーツケースを２階の寝室まで持って行った。１階に下りると、アレックスは夫の妹とハグしている。デヴィッドは姉とハグ。私も慌ててみんなにハグをして回った。

結婚して20年以上たつのに、私はいまだに彼の実家に行くのが苦手だ。あまり好かれていないのは言われなくてもわかっている。今後、好かれるようになるとも思えない。残念ながらアレックスも夫の母親にそれほど好かれていないと思う。彼女のお気に入りは、夫の姉の二人の息子だ。苦手な夫の家族と一緒にいるストレスを軽減させるために、私は数年前に、実家にいる間のすべての料理を引き受けると宣言をしていた。そして、アレックスが一緒の時には彼にも手伝ってもらうようにした。感謝祭には大きなターキーを、クリスマスには鴨を、復活祭には大きなハムを。野菜もポテトもデザートも全部アレックスと二人だけで作るのだ。メニューを考えるのは夫の母親にお任せしてある。彼女に食べたいものを事前に買っておいてもらい、私とアレックスがそれで料理をする。今日もさっそくアレックスと二人でキッチンに入り、冷蔵庫の中を確認した。

「料理はまた任せていいの？」と、夫の母が聞いてきたので、アレックスは彼女の肩に手を置き、「おばあちゃんは休んでて。あとは任せてよ」と彼女をリビングに連れて行った。彼女がキッチンにいない方がいろいろとやりやすい。ここでは私とアレックスは名コンビなのだ。

ジャガイモを取り出して皮をむいていたところにリビングから戻ってきたアレックスが私とハイタッチをした。「オッケー、何をすればいい？」とアレックス。一緒に料理をしながらハワイのクリスマスソングを聴き、二人でフラダンスのまねをする。夫がキッチンに入ってきたのに気づかず、「何をやってんだ」と笑う彼につられて、私もアレックスも爆笑した。「何か手伝うことはないか？」と夫に聞かれたので、「じゃあ、一緒に踊って！」と私は言った。「やだね、俺は」と夫は笑いながら言うと、キッチンテーブルの椅子に座って新聞を読み始めた。

その時、アレックスが急にテーブルに近づいた。

「話があるんだ」と、夫の前に立つと「母さんも座って」と言った。「どうしたんだ？」と夫。私もさっきまであれだけ長い時間、車の中で話していたのに「話があるんだ」と言われたことに驚いた。何も言わず、夫の隣に座ってアレックスを見上げた。

「さっきラナと電話で話していた時に言われたんだけど、クリスマスに彼女の家に来ないかって招待されたんだ」

「は？」

あまりに突飛《とっぴ》な話に、私は呆《あき》れて言葉も出ない。

「アレックス、クリスマスって2日後だぞ」と夫が言った。続けて「今からチケットを買うとバカみたいな値段になるぞ。それ、誰が払うんだ？」

「ラナから僕へのクリスマスプレゼントだって」とアレックス。

「じゃあ、もう買ったっていうこと？」と私が聞いた。

「予約はしたらしい。24時間以内に支払えばいいチケットを確保したんだって」とアレックスが言うので〝生意気〟と私は思った。それを口にする前に夫が「それは大胆だな」と返した。

アレックスは私たちの前に立ったままだ。私も夫も何も言わない。

しばらくして、「いくらだった？」と夫が聞いた。

「教えてくれなかった。プレゼントだからって」とアレックスが答える。

「あまりにも急な話ね」と私が言うと、「確かにそうだね」とアレックスが言う。

「でも本当にさっきの電話で彼女がいきなり言ったんだ。クリスマスを一緒に過ごしたいって」

「本当に行きたいのなら俺は止めない。でも、おじいちゃんとおばあちゃんにはお前から説明するんだぞ。エイミーはどう思う？」と、夫に聞かれたので、私も賛成することにした。それにしてもラナのこういうやり方は気に入らない。

「今回はいいけれど、これってあまりにも急な話よね」と意図的に同じことを口にした。

「こういう急な話って好きじゃないな。これからは前もって話し合ってから決めてよ」と念押ししたうえでオッケーを出した。

ディナーを済ませた数時間後、アレックスが祖父母に話をしていると夫が教えてくれた。その直後、夫の母がクリスマスの食事は2回に分けて作ってほしいと言ってきた。

「アレックスがいる間にみんなでクリスマスイブの食事をして、アレックスが出かけた後、クリスマスのランチを一緒にしましょう」

さっそく材料の確認をする。何人分の食事を何皿作るかは、夫の母が計算して材料は揃《そろ》えてあったが、冷蔵庫に今あるものだけではもう1回分の食事は作れないことがわかった。新しい食材が必要とわかり、クリスマスイブの食事と重ならないメニューをどうしようかと考えながら、私はスーパーマーケットに買い出しに行く準備を始めた。

「クリスマスのランチは、全部母さんが作ることになるけどいい？」とアレックスが聞いてきた。

「仕方ないわね」と私は答えた。コートを着て車のカギを探す私に向かって彼が、「ごめん。怒ってる？」と聞いてきた。

「怒っていないわけではないけど、怒っているというより、よくわからないわ」と言った。

「え？　料理がわからないの？」とアレックスが言うので、今度は私が混乱する。

「料理？」

「一人で料理をさせてしまうので、それで怒っているのかと思った」と言うので、今度は違う意味で呆れた。

「クリスマスの料理なんて目をつぶってでもできる。わからないのは急にラナがこんな話を持ち出したこと」

本当に何もわかってないわね、この子。

「あ〜、そっちね」とアレックスは答えた。

「スーパーには一緒に行くよ。コートを探してくるから少し待ってて」とアレックスは言って部屋に戻って行った。気持ちはありがたいけど、機嫌が悪いのを隠すことができない私は、逆にアレックスに気を遣うのが嫌だった。いろいろ考えているうちにアレックスがコートを着て戻ってきた。

「僕が運転するから車のキー貸して」とアレックスが手を伸ばしてきた。私は無言で彼にキーを渡した。彼の気遣いはありがたかったけれど、9時間近い運転をさっき終えたばかりで、そこからすぐに料理とディナー、そしてこれからスーパーマーケットに買い出しに行くのは慌ただしいし落ち着かない。

車の中でアレックスがメニューを聞いてくる。12人分のディナーに何を作るか、スーパーで食材を見ながら決めるつもりだったが、アレックスとメニューの話をしているうちに、ラナのことは忘れてあっという間に時間がたった。

クリスマス前の買い物客でスーパーの駐車場は満車だった。出て行く車を探しながら駐車場内をぐるぐると回り、どうにか停《と》めることができた。これまた長蛇のレジに並んで必要な食材はすべて手に入れることができた。ようやく、これで準備万端だ。

アレックスはまだ若い。彼女の家でクリスマスを過ごしたいというのも、わからないではない。そう自分に言い聞かせて、私は自分の中の複雑な気持ちをごまかそうとしている。何か変なクリスマスになりそうな予感がする。

「僕はバイセクシュアル」

2012年12月25日、クリスマスの朝。

午前4時半起床。アレックスは徹夜したようで、出発の準備はすべて終わっていた。私と夫はパジャマを素早く着替えて階段を下りて行った。アレックスはコーヒーを作ってくれていて、私と夫に大きなトラベルマグを渡してきた。

「本当にごめん、朝早くから」とアレックス。

「いいから行こう」と夫は言ったが、私もアレックスも夫の機嫌が悪いのがわかった。私もまさかクリスマスの朝にこんなに早く起きるなんて思ってもいなかった。せっかくのクリスマスなのに楽しい気持ちが湧いてこない。

私たち三人は車で空港に向かっていた。一昨日の予感が当たり、変なクリスマスになってしまった。助手席でコーヒーを飲みながら、真っ暗な外を眺める。周りには1台の車も見当たらない。それはそうだろう。クリスマスイブの礼拝から戻り、食事をして飲んで笑って過ごしたのは数時間前のことで、まだみんな寝ている時間なのだ。

今日はみんなでクリスマスプレゼントを開けるのに、アレックスだけいないとは。

普段なら空港まで1時間で着くのだが、この日の夫はスピードを出さなかった。前の晩は雪が降ったので外はホワイトクリスマス。降り積もった雪がまだ真っ白に光っている。外は暗いが光っている雪と真っ黒な空のバランスが美しい。アレックスは車内の空気を読んでか話しかけてこない。私は通り過ぎる家々のクリスマスイルミネーションやクリスマスツリーを眺める。美しい反面、こんなに静かなドライブはなんだか気味が悪かった。

後ろの席から急にアレックスの声がした。

「話があるんだ」

「また？」と私は返したかったが、言葉の代わりにマグカップを口にあてた。

「何だ？」と夫が聞いた。

「前から考えていたことなんだけど」とアレックスが言う。

「何だ？」と夫がまた聞いた。私はもう一度マグカップを口元にあてて今度はコーヒーを少し飲んだ。口を閉じていないといけない予感がしたのだ。

「バイセクシュアルなんだ」とアレックスが言った。

友達の子供が、自分はレズビアンだ、ゲイだ、とカミングアウトしたという話は聞き慣れていた。アメリカでは「普通」が変わりつつある。子供がカミングアウトするということには慣れていると思っていたのに、この時の私の反応は自分でも予想外だった。アレックスのこの言葉に激しくショックを受けた。どうしてこんなにショックを受けるのだろうと思っていると、夫が「自分がバイセクシュアルだと思ったきっかけとかあるのか？」と聞いた。「きっかけ？」とアレックスが聞き返すと、「いや、あまりにも急だな、と思って。何かきっかけでもあったのかが知りたいんだ」

アレックスは一瞬黙りこんだ。私は「まずい」と思い、何か言わないと、と思っていると、「きっかけはない。ただそうだと感じてきただけ」と答えた。

今度はデヴィッドの沈黙がしばらく続いた。夫は大きく深呼吸して、「ひと言いいか」とアレックスを見た。「今、アメリカでは俺たちって白人の男だというだけで叩かれてるよな。歴史上起きている社会問題は全部白人男性のせいだって。それに対する反発っていうか、『自分もマイノリティーだ』って強調したいだけなんじゃないのか」と言った。

夫の発言の意味はこうだ。アメリカ社会を構成する多種多様な人たちのヒエラルキーのトップに立つのはいまだ「白人の男性」。そして、アメリカで白人の男性が植民地を支配し、昔から女性への差別と暴力、黒人を奴隷《どれい》として扱うなどの問題をあらゆるところで起こしてきたのは歴史的事実だ。白人男性の中にはそのような立場に居心地の悪さを感じている人も増えてきている。アレックスもそう感じているあまり、このような〝極端な発言〟につながったのでは、と言いたいのだろう。だが、それは少し違うと思った。そう思ったがその時は言えなかった。

「それは違うね」とアレックスが答えた。「自分のアイデンティティーっていうか、男もかっこいいと感じ始めたので、それなら自分はバイセクシュアルなんだと気がついただけさ」

またしばらく沈黙が続いた。

誰が次に話すのだろうと思っていた時に、デヴィッドが、「そうか、そうなんだ。言いづらかっただろ。勇気のいることだな。こうやってカミングアウトをするのって」と子供を支える優しい言葉を口にした。私は先ほど感じたショックを口にしなくてよかったと思いながらも、夫と同じように優しい言葉を口にした。

「私たちのあなたへの愛は何があっても変わらないわ」

アレックスへの愛は変わらない。私が産んだ子供。これは私の本音だ。本当に何があっても愛している。これが母親である私の心の奥底にある事実。

けれど……。

バイセクシュアルであるということは男性にも女性にも性的興味があるということだ。必死に記憶をたどる。この子、これまでに一度も男性に興味を示したことないわよね。

たぶんない。

ないよね。

確かにない。

そう考えている間に、「ラナがバイセクシュアルなんだ」とアレックスが言うので、〝だから……〟と思いつつ、これは言わないことにした。

「男性と付き合ったことはあるの？」と私は思いきって聞いてみた。

「ないよ」とアレックスはすんなりと答える。

「でも、男性と付き合いたいと思っているの？　ラナと付き合っていなければ男性と交際する可能性はあるっていう感じかな？」

「かもね。でも今は考えていない、ラナがいるから」

ラナね。アレックスは彼女に合わせているだけではないかと私は思った。でもこれは言えないし、あえて言わない。そんなことを考えているうちに、「いつ頃からそう感じ始めたんだ」と夫が聞いた。

「ここ数カ月かな」とアレックスは答えた。

ほらやっぱり。

やっぱりラナが絡んでいるのよ。そう思ったとたん、彼女のことをもっと嫌いになりそうになった。そう、正直に言うと私はもともとラナがあまり好きではなかった。バイセクシュアルが変だとか異常だとかなどとは全く思っていないのだが、この件に関しては彼女が絡んでいるという気がしてならなかったのだ。いくら思い出してみても、アレックスが男性に友達以上の興味を示したことも、そんなそぶりを表したこともない。今までアレックスが付き合ってきたのは、ラナを含めて確か４人。全員が女性だ。

〝本当にあなたはバイセクシュアルなの？〟

そう聞きたいのだが、言葉が出ない。これは言ってはいけないことだと判断して、私はコーヒーを飲み続けた。

一人でいろいろと考えている間も夫とアレックスの会話は続いていた。夫は、アレックスのカミングアウトが自然で普通のことのように話している。何かがおかしいと思っているのは私だけ？

そんなことを考えているうちに、空港に到着した。駐車場には入らずにアレックスを降ろして、私たちはハグをした。

「彼女のご両親にちゃんと『ありがとうございました』って言うのよ」と私が言うと、「そんなことわかっているさ」と、アレックスは言い返してくる。口答えされるのが嫌いな私。アレックスは私の気持ちを素早くくみ取ると「ごめん、ちゃんと言うよ」と返事を変えた。

スーツケースを押しながら空港に入って行く彼の後ろ姿を見て、私の気持ちはまた混乱し出した。大好きな子供からのカミングアウト。今日はクリスマスだ。まさか、こんな日にこんな話をされるとは思ってもいなかった。

夫の実家に戻る私たち。クリスマスの午前6時。私は戻ってすぐに朝食を作らなくてはならない。

夫が運転して助手席には私が座っている。二人とも無言だった。静寂がしばらく続いた。アレックスの衝撃的な告白のあとの沈黙は気詰まりだったが、何を言えばいいのかがわからなかったのだ。デヴィッドもそうなのだろう。車の中ではいつも会話をし続ける私たちだからこそ、そしていつもなら話が尽きない二人だからこそ、この沈黙はひどく私の気持ちを沈ませた。

「絶対違うよな」と急に夫が言った。

「でしょう？」

口の中に詰まっていたものが急になくなったように言葉が溢《あふ》れ出た。

「違うわよね。彼って今まで一度も男性に興味を持つような行動やしぐさもなかったし」

「そう。そのとおり」

「これってラナの影響よ」

「だろうな。俺もそう思う」

沈黙が長く続いていたせいか、急に話が止まらなくなった。次から次へと溢れ出る言葉。お互いがアレックスへの愛を確認したうえで、彼が本当にバイセクシュアルならば我々もそれを認めて応援する、何も変わらないとも話し合った。絶対に違うとは思うけれど受け入れなければ。彼を追い詰めるようなことは一切しない。私たちがこんなふうに疑問に思っていることも一切言わないでおこう。言う意味も必要もない。最近の若者の考え方は私たちの時代とは違うので、こういうセックスや異性や同性への意識もかなり違うのかもしれない。彼も大人になってから気づいたのかもしれないのだ。

いや、違う。彼が本当にバイセクシュアルなら、どこかで男性に興味を持つような行動とか発言をしていたはずだ。

そう。

彼への愛は変わらない、おそらく、彼はバイセクシュアルではない。私たちは間違っていない。間違っていたとしたら、それは間違いが確定した時に対応しよう。

私も夫もそれまでの無言の緊張感から逃れようとしていたのか、残り30分のドライブでお互いが心の中のモヤモヤをすべて吐き出した。

私は直感で思いついたことを夫に話してみた。

「ね、うまく説明できないのだけれど、何かあったのかもよ」

「何かあったってどういう意味？」と夫が聞き返した。

「ふと今、思いついたの。自分でもよくわからないけれど、アレックスの中で何かが変わったのかもよ」

「そうかな」

「違うかな」

「違うと思うな」

たまっていた感情が言葉になり、私も夫も、アレックスの先ほどの発言を次から次へと全面的に否定しまくった。思いを吐き出した後にはとてもスッキリした気持ちになり、「あなたがそう思っていてくれて本当によかったわ」と夫に言った。

「当たり前だろ」と彼が言うので、改めて夫婦として同じ考えを持っていることに喜びを感じた。

この時以来、二人の間でこの話題が出ることは一度もなかった。

——今、振り返ると、あの頃の自分がいかにジェンダーについての理解が足りなかったかわかる。性的指向やジェンダーアイデンティティーは、誰かの影響で変わったりすることはないし、いくらあの朝の私たちが動揺していたとしても、「違うよね」と否定して、ないことにするなんて——。

二度目のカミングアウト

２０２０年秋。今日のシアトルは晴天。

この春から、私たち夫婦もアレックスが暮らすシアトルに住み始めていた。日本で働いている間に多忙とストレスで病気を抱えてしまった私を心配して、デヴィッドも２０１５年から日本で暮らすようになっていたのだが、私の体調の悪化もあり、東京の家を引き払って、帰国したのだ。

アメリカの西海岸も北と南では気候が全く違う。シアトルはアメリカ西海岸の最北エリアにある。ほとんど雨の降らない南のカリフォルニアあたりと違って11月から5月頃までは雨が多いのだが、夏と秋は素晴らしく美しい街だ。ひんやりとした秋の空気と冬の気配をまとったこの季節が私は大好き。自分の中のエネルギーが増幅していくように感じて毎日ご機嫌だ。

土曜日の今日は、アレックスとデヴィッドと三人でブランチの約束だった。アレックスからのお誘いである。

「話がある」という含みのあるフレーズに、私も夫もちょっと落ち着かない気持ちで待ち合わせのカフェに向かった。

8年ぶりに暮らしたアメリカは、善《よ》かれあしかれ、国民の分断が進み、細分化してきたように思えた。目まぐるしい勢いで政治に関する考え方やさまざまな社会問題、人種や性差別などの人権問題、LGBTQ+の人々の行動などが大きく取り上げられるようになってきていた。これらの問題に対して発言する人の数も増え、その発言力も増大してきていた。

私の周りでもLGBTQ+の話題が絶えなくなっていた。

LGBTQ+の人々は宗教的な観点から「罪を犯していることになる」と厳しく批判をされることがある。自分の宗教に反するのでLGBTQ+の子供は認めない、追い出す、絶縁するなど、家族の分断の一因になることも多い。私の親戚の中にもそういう行動をとった人がいた。自分の子供にレズビアンだとカミングアウトされた直後、子供を家から追い出したのだ。私は彼女に、「何やってるの、あなたは」と言いたかったが言わなかった。

カミングアウト以来、私と夫はアレックスがバイセクシュアルだということを誰にも言っていない。彼がどこまでカミングアウトしているのかわからないのが理由の一つ。カミングアウトできるのは本人だけだ。私が他人に話すことはできないし、話してはいけないことだ。他人が当事者の代わりに話してしまう「アウティング」を、私は絶対してはいけないことだと確信していた。

私はアレックスが私たちにカミングアウトしたことを、もしかして後悔しているのではないかとも考えていた。8年前のカミングアウト以降、アレックスからこの話題が出たことが一度もなかったから。話したければ、アレックスから話してくるだろうと、私からも意図的に聞かないことにしていた。複雑な話だし、感情的になりがちな話でもある。アレックスから話し出すまで待とう、と決めていた。この8年の間に、アレックスの性的指向について、私もデヴィッドもあまり気にしなくなっていた。自分の子供がバイセクシュアルであることが嫌なわけではない。アレックスがバイセクシュアルであるということを問題にしているのでもない。私はただ、本当にそうなのか信じられなかったのだ。

男性のパートナーを紹介されたことがなかったからかもしれない。本当にアレックスがバイセクシュアルだったとしても、絶縁したり追い出したりすることなど一度も考えたことはなかった。どうしてあのクリスマス以来、その話を全くしてこないのかはわからなかったが、何か理由があるんだろうし、アレックスの中で何かが変わったのかもしれない。アレックスがバイセクシュアルであろうとなかろうと、自分の子供なのだから彼への愛は変わらないのだ。その気持ちを伝えることが大事だと思っていた。

あのクリスマスの日のカミングアウトの次の春、アレックスは大学を卒業した。「ラナと別れた」と卒業式の日に言われた時、私は自分に「喜んだ顔をしちゃだめ」と言い聞かせながら、「そうなのね」とそれ以上は聞かないことにした。以前から作家になりたいという夢を持っていたアレックスは、ライターとしての仕事はすぐには見つからないだろうと、大学時代の友達二人とアメリカ西海岸のシアトルに引っ越していった。アパートを共同で借り、ヴィンテージショップで働きながら、キャリアにつながる仕事探しを始めていた。

私たちもシアトルのアレックスのところを年に何回かデヴィッドと訪ねて行っていたが、ある時「付き合いだした女性がいる」というのでさっそく紹介してもらうことにした。お相手の名前はセーラ。私は一目で気に入って、娘ができたような気がして本当に嬉《うれ》しかった。趣味もファッションセンスもスタイルも、何から何まで私に似ている。私は彼女が大好きになり、彼女も私と夫を気に入ってくれたようだった。

もしかして今日はセーラと関係のある話なのかもしれない。期待と不安でますます落ち着かなくなってきた。


ブランチのカフェは、アレックスが選んだお気に入りの場所。久しぶりにパンケーキを頼もうと考えながらカフェに向かっているとアレックスから電話がかかってきた。

「ごめん。遅れるから先に注文して」

「オッケー。わかったわ」

カフェの外の窓に貼ってあるメニューをデヴィッドと見て、オーダーを考えながらさっそくカフェに入った。アレックスが予約しておいたのは正解だった。午前10時でもう満席だ。やっぱり若者が多く、私と夫は年を感じてしまう。

受付の男性がアレックスの予約を確認し、テーブルに案内してくれた。まずはコーヒーを注文して、私はもう一度メニューに目を通した。

デヴィッドはすでに注文するものを決めてしまったらしく、メニューを見ようともしない。彼は一度決めたらよほどのことがない限り変更しようとしないタイプ。私はいつまでたってもあれが食べたい、これも食べたいと悩み続けるタイプ。

コーヒーを持ってきた店員に「息子が来るまで注文するのは待ってもらえる？　あと少しで来ると思うので」と言った。「オッケー」とも言わない代わりに「だめだ」とも言わない。アメリカは「おもてなし」はしないが、客からのリクエストには、よほどのことがない限りおおらかに応えてくれる国だ。

夫ははっきりとしたことが好きな人だ。アレックスの「話がある」という曖昧《あいまい》な物言いが嫌だと思っているのが伝わってくる。そわそわとするデヴィッド。先ほど注文を決めたはずなのに、またメニューを見ている。私はあえて「どうしたの？」と聞かなかった。「落ち着いて」とも言わない。私もアレックスのこのミステリアスな「話がある」という言い方が気になっているのは確かだった。ガールフレンドのセーラが妊娠でもしたのか。シアトルを離れたいのか。何か重大な病気なのか。可能性は山ほどあった。考えても無駄なのはわかっていても、気になってしまうのが親である証拠なのだろう。

「男でもなく女でもない。男でもあり女でもある」

アレックスがやっと現れた。

「ごめん。バス、乗り間違えたんだ」と彼は笑って言った。

「来たばかりですまないが、早く注文しよう」とデヴィッドが言った。お腹《なか》がすいていた私も、彼が座るとともに「私はこれが食べたいんだけれど、あなたは？」とブルーベリーパンケーキを指しながら聞いた。「あなたが何を注文するかで、変えようかとも思うんだけど」

「え？　僕の頼んだものを半分食べるっていうこと？」

「あなたが何を注文するかによってかな。ちょっとは食べるかも」

メニューを見ながらアレックスは考えている。

「半分食べられちゃうんだったら、考えちゃうな」

すでにイライラしているデヴィッドが横から「いいから注文しよう。腹減ったし」と言うので、アレックスは「それならこれかな」と言い、私もブルーベリーパンケーキに決めて、みんな好きなものを注文した。

デヴィッドの落ち着きがない雰囲気を感じ取ったのか、アレックスは大きく深呼吸し、「話があるって言ったこと、着いてすぐだけど説明してもいい？」と聞いてきた。私が返事をする前にデヴィッドが「いいよ。何なんだ」と言った。アレックスは、店員が持ってきたコーヒーをぐいぐいと飲んだ後、マグカップをテーブルに戻して話し始めた。

「最近わかったことなんだけど、自分はノンバイナリーなんだ」

一瞬、戸惑う私。ノンバイナリー？　え？　それって何だっけ？　私の聞き間違えなのかな。

「バイセクシュアルじゃなくて、ってことか？」と聞くデヴィッド。

「いや、バイセクシュアルはそのまま」とアレックスが答えた。

「よくわからないわ、アレックス。説明して」と言った私の声がおかしいことに自分でも気がついた。泣きそうなわけでもないのだが、変な声になってしまう。緊張感からか、怒っているように話してしまうのだ。これはまずい。

デヴィッドもアレックスも私を見て〝何？　今の声〟と言いたそうな表情をしているので、必死に弁解するように「変な声出して、ごめんね。自分でもなんであんな声になったのかわからないの。それよりノンバイナリーってどういう意味なの？」と私は言った。私のこの反応は何なんだ？

アレックスはまた大きく深呼吸し、「簡単に説明すると、男でもなく女でもない。でも、男でもあり女でもある」と言った。

はぁ？　え？　全く理解できない。それって全然簡単じゃないんだけど。

「それじゃあ、わからないな」とデヴィッドが言ってくれた。

「そっか、わからないか」とアレックスは言って、マグからコーヒーを少し飲んだ。

〝わかるわけないじゃない！〟と言いたかったが、言わなかった。アレックスはマグをテーブルに置いて聞いてくる。

「本当にノンバイナリーって、聞いたことない？」

「聞いたことはあるわ。でも理解しているわけではないの。定義は何？」

「定義ね。それはちょっと複雑かも。ノンバイナリーの定義は一人一人の当事者によって違うんだ」

は？

それって定義にならないじゃない。何を言っているの、あなたは？

「一人一人定義が違うとか人によって定義が変わるっていうのは、定義にならないんじゃないか？」とデヴィッドが聞いた。さすが私の夫だ。私と考えていることが同じなのだ。

「そこが違うんだよ」とアレックスは答えた。

「それならバイナリーってなんだかわかる？」とアレックスが聞いてきたので、席に深く座り直し考え込んだ。

バイナリー。バイは二つという意味だ。バイナリーは二つのうちのどちらかという意味。あれかこれか。白か黒か。男か女か。プラスかマイナスか。影か光か。陰か陽か。こんな感じかな。

考えていることをアレックスに説明して、「こんな感じ？」と聞くと、「まあね、うん。そんな感じ」と言うので、続けて「そうしたらノンバイナリーというのは二つのうちのどちらでもないっていうこと？」と私は聞いた。アレックスからの答えを待たずに、「だけど、さっきあなたは『どちらでもあって、どちらでもない』って言ったわよね。それはノンバイナリーなの？　ノンがつく以上、『どちらでもない』はわかるけど、ノンがつくのに『両方』っていうのがわからない」と私は言った。

「そこなんだよ、定義が違うっていうことは」とアレックスは答えた。

「ならばノンバイナリーの人の中には『どちらでもない』と『両方』と、定義がそれぞれで違っていていいってことなのか？」と夫が聞いた。

「そのとおり」とアレックスは答える。

「じゃあ、あなたたちは、定義という言葉の定義さえも変えてるってことね」と私が言った直後に、自分でもちょっと皮肉っぽい口調だったかなと思った。デヴィッドとアレックスが同時に私の顔を見た。

「もう〝息子〟と呼ばないで」

二度目のカミングアウトからまだ5分もたっていないのに、たまったフラストレーションが爆発してしまったのだ。

「勝手に言葉の定義を変えているのよ、あなたたちは。あなたは作家になりたいのよね。それなら言葉をもっと大事にしなきゃいけないっていう気持ちはないの？　いいの、そんなことをして。今までの「普通」が嫌なのはわかる。不公平な世界に生まれてきたのもわかる。でもね、人と人、国と国とのコミュニケーションに必要な言葉の定義を勝手に変えてよいと思っているのなら、私はこの先が怖いわね」と吐き出した。

「怒っているように聞こえるよ、今の言い方」と夫が私を見て言った。そして、「アレックスは頑張って説明をしようとしているんだから話を聞こうよ」と言った。今度はアレックスに向かって「続けて」と促した。

「ちょっと待って。私はこの言葉の変化に全部ついていかないといけないの？　私たちの意見はどうなるの？　そんなことは関係ないって言うの？　黙ってろって言うの？」

私の声が大きかったのか、周りのテーブルの人が私たちの方を見ている。

「冷静に聞いて」とアレックスが静かに言った。

自分でもどうしてこういう反応をしているのかわからない。わからないが、アレックスの言葉が気に入らない。

涙が出そう。

なぜだろう？　私は何が嫌なんだろう？

どうして泣き出しそうなんだろう？

こう思っている間に、アレックスが口を開いた。

「ノンバイナリーって〝自分で自分が何かを決める〟んだ。この自分は何かっていうのは、世の中に対して自分を表すこと。だから、生まれてきた時に決められた性別とは関係なく自分をどう表現したいのかっていうこと。わかるかな」

私も夫も何も言わない。

「そして、誰とセックスがしたいとかではないんだ。自分を社会の中でどう表現するのか。そういう問題なんだ。ノンバイナリーだからといって、必ずしもＬＧＢＴＱ＋であるわけでもないし、これは自分の中にある本心に関することなんだ」

私と夫は沈黙したままだ。

「例えば、ノンバイナリーの人の中には名前を変える人もいる。そして、たいていは代名詞を変えるんだ。これは後で説明するね。誰が好きだとかではなくて、自分をどう表現するか。これがポイントなんだ。わかる？」

私はどう答えればよいのかわからなかった。全く新しいものの考え方のようだ。

ノンバイナリー……。

「それなら、エイミーと俺にどうしてもらいたいんだ？」とデヴィッドが聞いた。

「説明するね。一つは自分のジェンダーの話。もう自分は自分のことを〝男〟と思っていないので〝息子〟って呼ばないでほしいんだ。そして代名詞の話。さっきもちょっと言ったけど、今度から自分のことを指す時は〝he〟ではなくて〝they〟を使ってほしいんだ」

定義を自分に合うように変える。男でもあり女でもある。しかし、男でも女でもない。そして自分のことを男と思っていないので、息子とは呼ぶな。でも、今、自分は男でもある、って言ったよね。どう言う意味？　そして、代名詞を変えろ？

「息子と呼ばれたくないなら何て呼べばいいの？」と私は聞いた。

「そこなんだよな。自分でもよくわからないんだ。母さんと父さんで決めてくれない？」

は？

違うでしょう。「息子と呼ぶな」と言っているのはあなたの方だ。

だったらあなたが決めるべきでしょう。

でも私がここで「自分で決めなさい」と言うと嫌がられるのではないかと思った。それが心配だった。アレックスもかなり緊張していると思う。今ここで話していることは、親子関係にとってとても大きなリスクを伴う内容なのだ。アレックスはまたカミングアウトしているのだ。でも、アレックスが言うように「私たちに決めろ」と言うのは違うと思う。

急に疲れたような気がした。

いや、気がするのではない。話を聞けば聞くほど疲れが増すのだ。自分の子供の身勝手さに腹が立つ。

本当に泣きそう。

新しい定義って何？

「ちょっと休憩しよう」とデヴィッドが言った。

「タバコが吸いたい」と私。そんなこと言うつもりもなかったのに、つい言ってしまった。

「タバコは吸わなかったよね、母さん」とアレックスが首をかしげて聞いてくる。

「吸わない」と私は答えた。

「そこまでストレスがあるのなら、やっぱり休憩しよう」と、アレックスは言って席を立った。

彼がどこに行ったのかはわからない。いや、〝彼〟じゃないんだ、もう。あ～、どうなっているの？　泣きたくなってきた。

「何に対して怒っているんだ」と夫が聞いてくるので、それがまた不愉快だった。

「怒ってるんじゃないの。全く理解できないの。どうしてあなたは何も言わないの？　そっちの方がわからない」

「俺だって理解しようとしているんだ」

「定義をある少数の人たちが勝手に変えて、それを……」と私が言いかけたのを制して、「それはアレックスの勘違いだと思うよ」と夫が言った。


「本当にタバコが吸いたい」と私は言って立ち上がった。

タバコなんか持っていないし、「1本ください」と知らない人にお願いするつもりもないけれど、とにかく一人の時間が欲しい。外へ行こう。新鮮な空気が欲しい。太陽の光が欲しい。とにかく泣きたい。大きく深呼吸したい。どこかへ行こうなどとは考えていない。ただ自分の時間が欲しいだけ。

歩きながら溢れる涙を拭う。何が嫌なんだ、私は。どうしてこんなに感情的になっているんだろう。一度立ち止まり、大きく息を吸い込み、大きく吐き出す。オッケー、自分に正直になれ、アミア。自分には嘘《うそ》をつくな。何が嫌なのかよく考えろ。

本当に私は何が嫌なんだろう。

息子と呼ぶなと言っていること？

定義のこと？

定義に関しては確かに腹が立つ。

どうして腹が立つんだ。

アレックスは腹を立ててないよ。また、アレックス世代も腹を立てていないらしい。

そこが問題なの。

違うんじゃないかな。

え？　どう違うの？　何が違うの？

アレックスの世代やZ世代は、年長者や親の意見を聞かないで、私たちが大事にしている「言葉」の定義や使い方を簡単にひっくり返し、今までと違う考え方をこれからの新しい「普通」にしようとしていること。これが嫌なんじゃない？　アミア。

一人で自分に語りかけると面白い回答が出てくる。一人の時間が必要というのはこういうことだ。冷静に自分に問いかけて正直な答えが見つかるまで頑張ってみる。何が嫌なのかがわからないと、どうしても感情的になってしまう。話が混乱してしまう。とにかく正直に、自分に嘘をつかないこと。愛する子供に嘘をつかないこと。ここまでは大丈夫だよね、アミア？

うん。大丈夫。

課題としては複雑かもしれないけれど、内容として感情的になる話かもしれないけれど、自分の子供を愛していることには変わりはないわよね。

もちろんよ。何があっても愛する。

それならいいんじゃない、自分の子供の考え方がわからなくても。

愛ねぇ。

そうよ。生きている中で一番大事で、一番大きくて、一番の喜びと平和を世界にもたらすのは愛なんじゃないかな。

そうであれば、アレックスへの愛はバイセクシュアルであろうとノンバイナリーであろうと両方であろうと変わらないということではないの？　どうなの？　アレックスへの愛は？　子供への愛は条件付きなのだろうか。自分に正直に問いかけなさい。そして、正直に答えなさい。

アレックスへの愛は何があっても変わらないし、条件付きだなんてそんなわけない。

本当にそう思っているの、アミア？

アレックスがすること、言うことでがっかりすることはあるかもしれないけれど、それで「愛する」気持ちは揺らいだりしない。たとえ私が子供の行動とか言葉にがっかりしたとしても、アレックスへの愛は変わらないわ。

本当にそう言えるよね。

私は歩道で立ち止まった。

言える？

うん、言える。

アレックスへの愛は、本当に大きくて美しくて条件なんて一つもない。

それならカフェに戻りなさい。話を続けなさい。いや、話を聞いてあげなさい。

はい。

そしてまた立ち止まった。

でも、腹が立つ。理解したいけれど、やっぱり理解できない。

ならどうする。

どうする。

どうしたらいいのだろう。

急に答えが出た。

理解できるまで、自分で勉強すればいい。何があっても子供への愛が変わらないなら、今度は理解できるまで自分で頑張るしかない。腹が立つのはいずれどうにかなる。

息子ではなくてなんて呼ぶかは後で考えればいいだけの話だ。後回しにしよう。とりあえず自分の気持ちをはっきりさせて、その他は後回しでもよいのだ。

この自分との会話に何分かかったのだろう。スッキリした気持ちでカフェに戻った。

もう一度、じっくり話を聞いてみよう。

カフェに戻り先ほどと同じ席に座った。先に戻っていたアレックスとデヴィッドがじっと私の顔を見つめる。

「大丈夫か？」とデヴィッドが聞く。

「うん、大丈夫」と答え、アレックスの顔を見た。

「話を聞くから続けて」

「いいの？　ストレスになるならやめようか、と今、父さんと話していたんだけど」

「大丈夫よ。続けて。これは重要な話だから」と私が言うと、今度はデヴィッドが割り込んできた。

「君の身体も大事だよ。君の身体にストレスは禁物なんだから」と気を遣ってくれたが、ここは譲らないことにした。

東北の復興活動に励んだ10年間。時に自分に正直ではいられない局面もたくさんあった。そんなストレスがたまり、私の身体はガタガタになっていた。重い病気になってしまったのだ。私は意識的にストレスを避けなくてはいけない状態になっていた。アレックスとデヴィッドは私が一人で考えている間にこの話をしていたのだろう。

「ありがとう、心配してくれて。この話は確かにストレスだけれど、さっきの休憩でなんだかスッキリしたの。自分に正直になれたんだと思う。続けてちょうだい、アレックス」

アレックスはデヴィッドの顔を見る。父さんの許可なんて必要ないのよ。これは私が判断することなのだから。

「アレックス」と私は彼の手を握って言った。「私の顔を見て」。目を見つめながら「本当に大丈夫だから。話を続けて」と言った。

アレックスが大きく息を吐いた。

「オッケー。わかった」と言って話し始めた。

「違う角度から説明すると、確かに自分の世代、今20代や30代の若者は、今までの『普通』を覆《くつがえ》そうとしているのかもしれない。今までがあまりにも不公平だっていうのは、母さんも父さんもわかるよね。今までいろいろな人が『これって不公平』って言ってもどうにもならなかったし、良い方向に変わっていくのには膨大な時間がかかるよね。そういうことでフラストレーションがたまるんだよ。大人であるはずの人たちの行動を見ていると。儲《もう》けることだけしか追求しない人とか、自分の名前を広めるためだけにナルシストっぽく振る舞う人とかが成功していくのを見ていると『違うだろう』って思うんだ。わかる？」

〝それならわかる〟と思って、何か言おうと丁寧に言葉を選ぶために考え込んでいると、アレックスが再び話し出した。

「ポイントは自分たち世代。ミレニアル世代というのかZ世代というのか、とにかくレッテルを貼られるのが嫌なんだよ。はっきりした理由もないのに、昔からこうなので無条件にこれが正しいという考え方にはもうついていけないし。親世代がそう思っているから自分たちも同じように考えなくてはいけないとか、そういうことが嫌なんだ」

それって、ただの反抗期じゃない？　言い返したいのだが、あえて言わないことにした。私がむすっとしてしまったからか、アレックスが聞いてきた。「怒ってる？」

「う〜ん、怒っているんじゃなくて、なんだかよくわからないのよね。レッテルを貼られたくない世代だっていうけれど、ノンバイナリーもレッテルじゃないの？」

「違うんだ」と、アレックスは言った。〝違わないでしょ〟という怒りまじりの思いを隠しきれなかった。アレックスの表情が固まる。私はすぐに「怒ってない」と言った。そして「怒ってないから説明して」とつけ加えた。

「自分にとってノンバイナリーっていうのは、こういうことなんだ。自分は生まれた時から『男の子』っていうレッテルを医者に貼られて、それに基づいて母さんと父さんは自分を男の子として育ててきた。だけど今、心の中で自分は、男でもあり女でもある、でも男でもなければ女でもない、と思っている。

『男』とか『女』っていうことを社会に決めつけられるのが嫌なんだ。自分の中には社会的に『女っぽい』と思われる要素もあれば、『男っぽい』と思われる要素もある。それを認めてもらいたいんだ。男か女かとか二つだけの選択肢で生きるのではなく、『自分はこうなんだ』と、もっと広く、もっと本当の自分を正直に素直に表現できる生き方をしたいんだ。それが自分の芯なんだって最近わかったんだよね。

だから、男性か女性かとかを第三者や社会や医者や法律によって、自分は『これ』という定義が決められるんじゃなくて、自分は何かを自分で決めたいんだ。これからはそういう生き方がしたいんだ」

さっきよりは理解できた感じがしてひと安心していたら、デヴィッドが「俺がわからないのは、この定義を自分で決めるっていうことだ。定義を誰でも自由に決められるのだったら法律なんていらないし、辞書もいらないし、好き勝手に生きてもよいってことになるんじゃないか？」と言った。

「確かに」とアレックスが答えたので、私はまた混乱してしまった。

「自分の世代は〝定義〟っていう感覚も変わってきているんだ」と言うので、つい私も「そこがわからないわね」と言った。「自分の性別は自分で決めてもよいものなの？」と私は聞いてみた。

「性別じゃないんだよ」とアレックスが言う。

え？

「これってジェンダーアイデンティティーの話なんだ。性別とは違うんだよ」と言うので、私は急に疲れが増して、どんどん混乱していくのがわかる。ついていけない。自分の子供についていけない。

前回のバイセクシュアルのカミングアウトとは次元が全然違う。

「ジェンダーアイデンティティー」はグラデーション

「それなら、あなたが考えているジェンダーって何？　説明して」と聞いてみた。

アレックスは大きくため息をついた。

「今までは医学的な、また生物学的な感覚で、赤ちゃんが生まれたら『女の子です』とか『男の子です』とか医者や助産師が判断して、赤ちゃんをお母さんに渡していたよね」

「うん」

「それは性別」

「わかっている」

「ジェンダーっていうのは、社会が決めたその性別の『あり方』のことを言うんだ。わかる？」

わかるような、わからないような複雑な気持ちになった。素直に「わかった」と答えられない。私のその気持ちを感じ取ったのか、アレックスは「説明するね」と言った。

「性別と関係があるのは確かだよ。今までは性器の形や染色体で性別を決められていたよね。

XXは女、XYは男。[*]でも、『性』っていうのはどちらかというと医学とか生物学的な感じだけど、ジェンダーはそれに社会とか文化を加えたっていう感じかな。例えば、女性は女性らしく振る舞うべきだ、とか、「男ならめそめそ泣くな」とか、社会や文化が決めつけた男性らしさっていうのがあって、それに従うべきだと思われているよね。わかる？」

「うん、わかる」

「それをね、色でたとえるとこんな感じかな。男の人は白、女の人は赤とするよ。ジェンダーっていうのは、白から赤になるまでの色の変化。これをグラデーションっていうんだ。簡単に『それってピンクでしょう』と思うかもしれないけど、ピンクにもいろいろな種類があるよね。薄いピンク、淡いピンク、徐々に赤くなってゆくピンク、ショッキングピンクとか。ここまではわかる？」

私は頷《うなず》いた。

「ジェンダーっていうのは、この白から赤へのグラデーションなんだ。白から赤への間の全部のピンク色がジェンダーなんだ。今まではどっちかというと白と赤の間はピンク1色と思われてきたよね。自分らは『ピンクにもさまざまなグラデーションがある』と言っているんだ。わ

*性染色体（XとY）の数や組み合わせが一般的な男性型とも女性型とも異なる、「DSDs（Difference of Sex Development / Disorders of Sex Development）＝性分化疾患」と呼ばれる核型もある。

かるかな」

「ちょっと頭の中を整理させて」とアレックスに言った。まだ、ピンとこないのが本音だ。

ジェンダーと性別は違う。生まれてきた時の身体的特徴で赤ちゃんが男か女かを決めるのは性別。ジェンダーはこの生まれつきの特徴から、「あなたは女です」とか「あなたは男ですね」とか決められるのではないらしい。そして、ジェンダーとは「女」と「男」の二つに絞られるものでもないようだ。ジェンダーは幅広くあり、自分にぴったりな定義を見つけるか、自分で作ることによって自分のありのままを表現することができるということらしい。これが最近認められてきて、ジェンダーを表現する言葉も行動もごく当たり前に見られるようになったのだ。

重要なことは、ジェンダーは「男」と「女」の二つのカテゴリーに分けられるのではないということ。そこから若者たちは定義について深く掘り下げていく。女とは何か。男とは何か。女らしさとは何か。男らしさとは何か。これらは誰が決めているのか。誰が変えていくのか。少なくとも、現代のジェンダーの定義の大きなポイントは〝流動性〟があるということらしい。

一応整理できたと思ったので、内容をアレックスに確認した。

「うん。そんな感じかな」とアレックスが言った後で、私は大きなため息をついた。

その直後に、「その話とノンバイナリーとはどう関係があるんだ」と夫が聞いた。

「まさにそこなんだよ」とアレックスは答える。

「ノンバイナリーが自分のジェンダーに関することっていうのはそこなんだよ。LGBっていうのは主にセクシュアリティー、性的な指向に関する話だよね。どのような人が好きか。どのような人に惹《ひ》かれるか。誰に興味があるかという性的指向と、ノンバイナリーは関係ないんだ。今まで生きてきた性別とは違うジェンダーが自分の中にあるけれど、既存のジェンダーカテゴリーにはしっくりあてはまらない。だから、その「色」を表現して、それを『自分』として認めてもらいたいということなんだ」

必死に説明しているアレックス。頑張っているのはわかる。私たちに理解してもらいたくて何度も似たような内容の話を違う表現で繰り返し説明している。理解しきれない自分が悔しいのと、一瞬簡単そうでいて、難しいこのテーマに取り組まなければならない自分が急に可哀《かわい》そうになった。ついていこうとしているのに、ついていけないのは、最近の若者たちが何もかもを複雑にしているからなのか。それを理解しようとしても無駄な気もする。そう理解して自分を慰める私がいると思えば、〝なにブツブツ言ってんのよ〟と自分を批判する私もいる。私が頑固なだけ？　それともこれって本当にここまで複雑な問題なのかしら？

なかなか答えが出てこない。しばらく私たち三人の間で会話が途切れていることに気がついた。夫も考え込んでいる。私も空っぽのマグカップを指でつついている。アレックスは私と夫を見ながら、じっと何かを待っているようだ。

非常に説明しづらいこの心の中のモヤモヤ感はなんだ？　自分で頭の中が整理できていないのに話をしてもみんなが混乱するだけだと思い、あえて何も言わないことにした。それにしてもこの三人の沈黙はいつまで続くのだろう。

パンケーキが運ばれてきた。ラッキー。自分の気持ちを落ち着かせるためにも、少し休憩が必要だと感じていたので、「私、お腹がすいているの。先にちょっと食べるね。話の続きは後で」とアレックスの表情を確認しながら言った。ちょうどアレックスと夫の料理も運ばれてきたので、みんなモグモグと食べ始めた。

ブルーベリーパンケーキは久しぶり。ふわふわとしていて温かく、ブルーベリーが甘くて美《お》味《い》しい。バターとメープルシロップをかけるとさらに美味しくなった。もうジェンダーだの、ノンバイナリーだのなんていう話は聞きたくない。このまま三人で美味しいものを食べている時間が長く続けばいいと思いながら食べた。しかし、食べ終わった後、再び話をしなくてはいけないと心の中で準備をしている私もいる。非常に微妙な感じ。テンションが高いのは確かだし、空気が変わった感じがするのも確かだ。緊張感があるというか、アレックスが「怒ってる？」と聞いてくる理由もわかる気がする。

こういうふうに考えながら食べていたら、さっきまで美味しいと感じていたパンケーキが急に美味しく感じられなくなってしまった。私はフォークをテーブルの上に置いた。アレックスが心配そうに私の顔を見る。自分の中で落ち着こうとして微笑《ほほえ》んだつもりが、本当は顔が引きつっているんじゃないかと心配。だが、今は微笑むしかない。

自分の気持ちをどこまで正直に話すべきなのか。自分の子供に嫌な思いはさせたくない。でも、家族である以上、正直に話し合いたい。親子の間で意見の食い違いがあっても理解したいし、納得もしたい。それって無理なことなのだろうか？

こういう時に限って、私は自分でもびっくりするような突飛な発言をしてしまう。心の中と頭の中とが一致していないけれど、話し出してしまうのだ。これは必ずしもいいことではないが、時々自分でも〝今のはよかったわ〟と思う発言が出てくる。

「アレックス。今日の話はすぐには理解できないかもしれない。でも、何があっても私たちからあなたへの愛は変わらないわ。それは信じてほしいの。これは自信を持って言えること。何があってもあなたを愛するし、これからもずっと愛し続ける」

いったんここで発言を止めることにした。自分の口から急に出た言葉にショックを受けたのだ。でも、詰まっていたものを少しだけ吐き出せた感じがしてちょっとだけリラックス。

デヴィッドが横から突然、「確かにそう。エイミーが正しい。親の愛ってすごいんだよ。それを信じるか信じないかは君次第だから」と素敵な発言をする。そして、「でもな、この定義に関する話とか、ジェンダーと性別の違いに関する話は、急に説明されても『そうなんだ、わかったよ』と素直に言えることじゃないんだ」と言った。そして私を見て「少なくとも俺は」とつけ加えたのだ。私も思いきって言うことにした。

「私はこの考え方の違いは世代によるものだと思うの。あなたの世代やその下のZ世代は、今までの〝普通〟をひっくり返すのが好きっていう感じがするのよね。年上への反抗っていうか。私も今までの〝普通〟が必ずしも正しいとは思っていないわ。でもね、この定義に関しては結構大切な話だと思うの。今までの定義が急に定義ではないとなると結構シビアなことが起きそうで。極端な話、『赤はもう赤ではない』と誰かが言い出したらどうなるの？　赤信号は無視していいわけ？　キリがないわよ、これって。定義って勝手に変えてもいいものじゃないと思うの。それをあなたたちはもう変えてしまったんだからいまさら愚痴っても意味ないのはわかる。でもね、あなたが言っていることをまるまる信じてそのとおりに行動するなら、これから先、私もあらゆる意味で行動を変えなくてはいけなくなるの。新しく会う人のジェンダーも外見で判断してはいけないっていうことになるわよね。外見が女性に見えるからその人を女性だとは思ってはいけないっていうことでしょう？　でも、あなた方の定義が一人一人違うなら、言っていいことといけないことがわからないし、誰に聞けば、何を読めばいいのかもわからない。いいの、それで？」

いったん話を止めて、アレックスの顔を見た。

応援したい。理解したい。でも……

「そして、男でもない女でもない、でも男でもあり女でもあるということが新しい〝普通〟になっていくのなら、それについていけない人はともかく、反対している人とはどう付き合うの？　私とデヴィッドでさえ、こう説明されてもすんなりと『オッケー、わかった』って言えないのに。あなたは自分の考え方についていけない人をどう思っているの？　ついていけなければ、こちらが間違っているって決めるのはあなたたちの世代の考え方？

例えば、あなたのおじいちゃんやおばあちゃんにこのことを説明する時は？　特におじいちゃんは説明されても『どういう意味？』としか返せないと思うの。それが正しいとかではなく、あなたとあなたの世代の若者は、年寄りからは理解されなくてもいい、周りに理解されなくてもいい、自分のありのままで生きていければいいって言っているような感じがするわ。私の解釈って間違っている？」

長々と話す自分の言葉に、私は再びショックを受けていた。

アレックスは大きくため息をついた。

「そうだよ。もう年上の人とかにどう思われようともいいんだ。おばあちゃんたちにも確かに今の自分を認めてもらいたいけれど、理解ができないのならそれはそれで諦めるよ」と言った。

大胆としか思えない今の回答。ものごとの因果関係を無視しているどころか、投げやりな感じすらする。

私の父がアレックスの言葉をすべて理解するのは無理だと思うし、アレックスのジェンダーに関する話を理解するのも難しいだろう。アレックスが男ではなくなったからといってもう孫とは認めない、ということにはならないとは思いたいが、孫への気持ちが変わってしまうのではないかということが心配だ。

アレックスは理解されることを諦めてでも、自分に正直に生きると言っている。これはすごいことだと思った。家族や友人に嫌がられても、また場合によっては捨てられても自分の生き方を守る、自分が正しいと思ったことをやる、自分にとって正直でありたいという事実に妥協しない。これが私の子供の考え方なのだろうか。たぶんそういうことだろう。

私はそれを応援したいと思った。私の子供だから応援するのだ。彼、いや、アレックスのありのままの存在を受け入れる。これは変わらない。

応援したい気持ちの前に、まず初めにアレックスの言っていることを理解したい。アレックスへの愛が変わらない以上、何歳になっても私の子供として愛し続けることはできるし、これからもずっとそうできると誓える。ただ、理解したいという気持ちは諦めたくない。

理解ねぇ。ジェンダーがいろいろあるということはともかく、このノンバイナリーの定義が定義として定まっていないことや、自分の子供が男でもなく女でもなく、また両方であってどちらでもないというのは本当に理解できるのだろうか、私に。

どれだけの時間を一人で考えていたのかわからないが、三人の間にまた長い沈黙が続いていた。この沈黙に耐えられなくなったのか、急にアレックスが話し始めた。

「ちょっと話を変えるね。さっきも言ったけれど、自分はノンバイナリーである以上、自分のことを『息子』って呼んでもらいたくないんだ。今まで思っていたような『男』じゃないんだから。時々、女性の服も着る。メイクもするかも。そして、息子って呼ばれたくないのと同じような意味なんだけど、代名詞も変えてもらいたいんだ。今まではheとかhimだったよね。それをtheyとかthemに変えてほしいんだ」

英語ではtheyを複数形の代名詞として使うのが普通だ。いや、〝今までの普通〟と言わなくてはいけないのだろうか。

そう一人で考えていたが、ハッと先ほどの彼の、そうじゃない、子供の言葉を思い出してまたパニックになった。

I'm going to start dressing femme.*

おいおいおい。女装？† メイクアップ？

急に〝they〟どころの話じゃない、と思った。これにはショックを受けた。言葉が出ない。

「それなら君はトランス（トランスジェンダーの略称。英語では『トランズ』と複数形で発音される）ってことか？」とデヴィッドが聞いた。

「いや、そうでもないんだ。今は」

少なくとも〝今は〟なら、いつかはそうなるかもしれないっていうこと？ こういうことって、徐々《じょじょ》に変わっていくものなの？ これもよくわからない。

トランスという定義も変わるのだろうか。いや、そもそも私とデヴィッドがトランスを勘違いしていたのか。

アメリカでは性別適合手術‡をしていてもしていなくても、自分が「トランス」だと言う人はトランスである。〝そう認めなくてはいけない〟という動きがある。（そもそも「ジェンダー」は人に認められないといけないものではないと、この時の私はわかっていなかった）アレックスもスカートをはいたり、メイクをすればトランスと思われるのだろう。

思っていたより難しいかもしれない、この話。

また休憩がしたくなった。急にこの話についていけない感じがしてきた。息子と呼ぶな？

ならば、何て呼べばいいの？　女装？　メイク？　あなたが？　ホントに？

代名詞が大問題！

「代名詞に関して、もっと説明してくれないか。このtheyとかthemっていうのは複数の人のことを指す言葉だし。君は自分のことを一人の人間だとは思っていないってことか？」

「いや、それはちょっと違う。父さんや母さんが知らないだけで昔から英語ではtheyとかthemを一人の人を表す時にも使っていたんだよ」

「それは違うと思うな」と私が口を挟むと「待って、今から説明するから」と言われ、アレッ

＊femmeとはクィア発のスラング。LGBTQスペクトラムに属し、ファッション、スタイル、行動などにおいて女性的な表現をすることで自分のジェンダーステートメントとする人たちを指す。もともとは外見や振る舞いが女性的なレズビアンを指した言葉だが近年、従来の「女性らしさ」へのアンチテーゼを含んだ意味に使用されることもあるなど、解釈や定義が拡張し続けている。

†女性が女性の服を着ていても「女装」とは表現しないように、「女装」には偏見や侮蔑的ニュアンスが含まれる。そもそもノンバイナリー当事者は男性でもあり女性でもあるので、適切な表現としては「女性装」「男性装」「異性装」など。

‡「性別割り当て手術」ともいう。英語では「Gender Affirming Surgery（GAS）」または「Sex Reassignment Surgery（SRS）」。かつて使われていた「性転換手術」という言葉は、性別が瞬間的に変わるかのような印象を与えるため、当事者の実態に沿わないことから、現在では適切ではないとされている。

クスは話し始めた。

「使い方によってtheyとかthemって一人の時にも使うんだよ」と言って事例を出す。

「例えば、英語で『誰かがコートを忘れていった』と言う場合、この『誰か』って男性か女性かわからないから意図して曇らせているような言い方だよね。これなんだよ。代名詞の『they』が『誰か』なわけで、複数の人ではなく一人の人間を指しているんだよ。わかるかな？」

この場合〝he〟じゃなくて、〝they〟となることが文法的に正しいと言っているのはわかる。でも、これはほんの一例なのではないかとも思う。また、この代名詞の話を英語でしか考えていないアレックスは、ほぼ英語しか話せない。ノンバイナリーって英語圏以外にも必ずいるはずだし、英語ではない他の外国語では、この代名詞の問題はどうしているのだろう。

これからアレックスのことをtheyとかthemで呼ぶ。これは慣れるしかない。文法的には間違ってはいないと言われるかもしれないけれど、不自然に感じるのは確かだ。思っていたよりもずっと難しい、このノンバイナリーの話。複雑だし本当に私は理解できるのか。

いや、違う。理解できる、できないの話ではない。

アレックスがそう呼ばれたいと言う以上、私たちはこのことに意図的に協力するか否定するかのどちらかしかないのだ。私が自分のことを「ミセス」ではなく、「ミズ」と呼ばれたいのと同じこと。

確認してみた。

「ミセスとミズは、they とか them とは違うかもしれないけれど感覚的には同じようなものと考えていいの？　私はミズがいいし、自分でもそう選んで使っているのはあなたも知っているわよね。そんな感じ？」

「う～ん、微妙。それは自分のジェンダーの話ではなくて、結婚しているか、していないかということで呼び方が変えられるのが嫌だっていうことだよね。それならちょっと違うかな」

またわからなくなった。

理解したい気持ちが前に出てしまって、素直に「認めるだけでオッケー」という気持ちにはならない。これは私の性格の問題なのかもしれない。頑固だとよく言われる私。理解したから認められるわけでもないのだが、理解したい気持ちは変わらない。また休憩したくなった。

アレックスが私の考えていることを見抜いたように、急に「トイレ」と言って立ち上がり、席を外した。私はアレックスがいない間にデヴィッドに向かって「どう思う？」と聞いてみた。

「言われたとおりにするしかないだろ」とデヴィッドが半分は呆れた顔で、半分は諦《あきら》めた顔で言った。そして、長いため息をついた。

「こんな話になるとは思ってもいなかったわ」と私は言った。

「俺も」とデヴィッドも言う。

ここで、「最近の若者はねぇ～」と言って笑って流したいのだがそうはいかない。笑うことではないし、確かに近頃の若者の考え方が変わってきているとはいえ、そういう言われ方も彼らは嫌がるだろうと思う。しかし疲れた。アレックスが戻ってくるまでにたまっているものを全部デヴィッドに吐き出したいのだが、それも無理だった。デヴィッドは私がそう考えているのに気がついたのか、「後でじっくり話そう」と言った。

アレックスが戻ってきた。続けなくてはいけないとわかっていたので、今度は私から話を始めることにした。

「代名詞の件もあなたのジェンダーについても、私たちに何をしてもらいたいかについてもわかった気がするの。私もデヴィッドも協力はするわ。でも、特に代名詞については間違えることがあると思うの。その時はごめんね。頑張るけれど間違ったり、気がつかなかった時は言ってね」

「そう。その話もしたかったんだ。間違えるのは当たり前。今まで30年間も『彼』って呼んでいたのを変えてって言ってるんだから。でも、間違っても謝らないでほしいんだ」

心の奥底に生まれた「怒り」

は？

いいの、謝らなくて？

また、わからなくなった。今日、わからなくなったと感じるのは何回目？

「母さんが呼び方を間違ったとする。そして、自分に謝ったとする。そうしたら許さなくてはいけないというプレッシャーが、こっちにかかるんだ。それっておかしいんだよ。母さんが間違えたら、その時は自分が『代名詞はtheyかthemにして』って言うから、その時は『間違ってごめんね』じゃなくて、『ありがとう』って言ってもらいたいんだ。『間違ってごめんね』って言われたら、間違った方が悪いのに間違われた方が許すのがマナーだよね。許したくなくても謝られたら、『気にしないで』っていうマナーや常識があるよね。それって違うんだよ。間違ったって指摘されたら、その言葉に感謝して、次に話を持っていく。そうしてもらいたいんだ」

一瞬黙り込んだ私を見てアレックスは言った。

「これって大事なことなんだ。母さんたちがわかるまで説明するから聞いて」

「実際に間違えて、それをあなたに指摘されてみないとしっくりこないかも。今の説明だとわかるような、わからないような……」

私はいつの間にかアレックスの後ろの壁に向かって話をしていた。本当に疲れているのが自分でもよくわかる。

「わかったよ。いつか母さんと父さんが間違えたら、そこで説明するね」とアレックスは言って、笑みを浮かべようとした。

次から次へと〝マナーと常識〟が変わり、急についていけない感じがしてきた。間違ったのに謝るな。間違ったのを指摘されたら感謝しろ。もうさぁ、この世代はみんなこう思っているのか、本当にこれでいいのだろうか、私が時代遅れで古臭いだけなのか。わからない。

この感情をもうちょっと掘りさげていくと、心の底に怒りがあるのに気がついた。「怒ってる？」と聞いてくるアレックスは、私がどこかで「怒る」と最初から気づいていたのだろうか。そうかもしれない。確かに、理屈を説明されるとこの謝罪と感謝に関する新しいルールはわからないわけではないが、それにしても疲れる。

何をしても私が間違っているのか、私がどこまで頑張っても間違ってしまって、子供を傷つけている気がする。本当に疲れる。この疲れは顔に出ているのだろうか。アレックスは私の顔を見てどう思っているのだろうか。頑張って笑みを浮かべようとしているアレックスの顔を見ると涙が出そうだ。

「疲れているだろ、顔に出ているよ」と言ってくれたのはデヴィッドだった。

「ごめん、疲れてる」と深く考えずに言ってしまった。

「疲れさせてこっちこそごめん」と今度はアレックスに謝られる。そういう意味じゃあなかったのに。いや、そういう意味だったかも。

「あなたが話をしたい、って今日のブランチに誘われた時に、何の話か全くわからなかったので、正直ちょっとびっくりしているのは確かよ。でも、謝らなくてもいいの。新しいルールとかあなたのこれからのなんていうか、生き方？　ライフスタイル？　常識？　これは応援するし、さっきも言ったようにあなたへの愛は変わらないけれど、びっくりしたことは確かよね」と、また心の中にあることを正直に全部話してしまった。

「他には誰に言ったんだ、この話？」とデヴィッドがアレックスに聞いた。

「セーラと友達数人だけ」

「みんなに発表するとか、どう考えているんだ？」とデヴィッドが再び聞いた。

「いつかはね」

「それなら発表するまで秘密にしておくべき？」と私が聞いた。私の両親のことが気になる。これは大々的に発表する前に、少なくとも私の家族や夫の姉妹にはプライベートに話をしておくべきだ。そのあたりのことをアレックスはどう思っているのだろう。彼……じゃない！　すぐに「彼」と言ってしまうのが自分でも嫌になる。思っていたよりも難しい、この代名詞の使い方は。

私の両親にはアレックスから話してもらいたい。それはアレックスにできることだと思いたい。でも、今はそこまで聞かなくてもいいだろう。今日の話は、私と夫にカミングアウトすることだったのだ。その他の家族、親戚、友達などへのカミングアウトは後の話でよいのだ。

これ以上長くはカフェにいられないだろうということで、私たちはアレックスを送って帰ることにした。

疲れたブランチだった。カフェの外はまだ晴天。秋が好き。今日のシアトルは本当に素敵な青空。アレックスの手をとって私は言った。

「話してくれてありがとう」。しっかり意識して大きなスマイルを作る。

アレックスは急に上からハグをしてきて「聞いてくれてありがとう」

「愛しているわ、アレックス。本当に愛してる」

「母さんのことも愛しているよ」

ここでアレックスがいったん自分の体を引いて、私の腕を掴《つか》みながら私の顔をじっと見つめた。

「難しい話だったかもしれないけれど聞いてくれてありがとう。自分に対する気持ちが変わらないって確信ができて嬉しいよ」と今度はアレックスがスマイル。

これを見ていた夫が、今度は上からアレックスをハグ。自分の子供より大きな夫。自分の子供より小さな私。私は子供に上からハグされ、子供は父親に上からハグされている。

アレックスへの愛は変わらない。今日はっきりとわかったのはこれだけだった。その他のことはこれから対応して、頑張っていくしかないのだから。

第2章

私には勉強が必要だ！

幼少期のアレックス、私の知らないアレックス

アレックスは一人っ子。私とデヴィッドが24歳の時に生まれたハネムーンベイビーだ。大学卒業後すぐに駆け落ち同然で結婚した私たちは、まだ若かった。「え？　私たちが親になるの？」と思ったのだが、そんな場合ではないとすぐに気づいて、そこから懸命に子育てを始めたのだ。私たちはすぐにこの才能豊かな息子に夢中になった。

アレックスは、幼い頃から語彙力《ごいりょく》が同じ年代の子供よりは遥《はる》かに優れていた。それにはいくつか理由があると考えている。その一つは、私がいつもアレックスに話しかけていたこと。生

まれたその時から四六時中、話し続けた。アレックスも言葉にはなっていないけれど、声を出して〝返事〟をしてくれていた。理由のもう一つは、デヴィッドが毎晩寝る前にアレックスに本を読んであげたことではないか、と私とデヴィッドは信じている。子供向けの本はもちろん、どんどん難しい本をデヴィッドが読むのだが、アレックスはとにかく寝る前のこの1時間を楽しみにするようになった。本を読んでもらっている間に「もう寝たい」という発言は聞いたことがない。

デヴィッドは本の登場人物の声を全部変えて読んでいた。デヴィッドがいない夜や彼がインフルエンザの夜は、私が読み聞かせていたのだが、アレックスはすぐに「やっぱり父さんの方がいい」と言った。私には大勢の登場人物の声色を瞬間的に使い分けながら読むということができなかったのだ。結局、そんな晩は「今日はいいよ、読んでくれなくて」となり、自分で読める本は自分で、読めない本は絵を眺めながらページをめくる、という生活が何年も続いた。

発想力も素晴らしかった。小学2年生の時に書いた作文のエピソードは忘れられない。「シンデレラの話を、みんなが知ってるシンデレラや王子様のお話とは違う観点から解釈して紹介する」という課題に、アレックスが書き上げた作文は、「ネズミの経験」というタイトルの、半分笑えて半分泣ける文章だった。

「ネズミの俺たちは完全に奴隷のように扱われてるよな」から始まり、「あれも縫って、これも作ってと言われてるのって私たちだけよね」といった3匹のネズミの会話がとにかく面白い。結果として、シンデレラは好きだけれど、彼女のためにここまで頑張るのはおかしいとネズミたちは判断し、これ以上の仕事をボイコットしようということになったのだ。2年生の子供がボイコットと言う言葉を使うのも面白く、何度も何度も読み返した。ネズミの視点から見たシンデレラのお話は、それまで聞いたことがなかった。先生からも連絡が来て、「この作文、とても重要です」と言われたのだ。「アレックスならではの考え方をここまで上手に表現し、笑わせたり泣かせたりしながら読者の感情を交互に操る2年生は他にはいない」とほめられ、「私は天才を産んだ！　これぞ私の子」と喜んでいたのである。

私に似て正義感も強い子供だった。小学4年生の時、クラスのある女の子が学校の制度に対して「これって女の子に対する差別」と声をあげた。その子が「校長先生に抗議しに行く」と言い出した時、アレックスは「男の子たちを代表して一緒に行くよ」と校長室に同行したそうだ。アレックスは「確かにこれは女の子への差別」と判断し、「弁護士代わりに」とまで言って動いたのだ。これは、先生から後に聞いた話だ。

昔から自分の考えを素直に言葉で表現し、行動に表していたアレックス。自分にできることはする。経験のないことでも思いきりやる。毎回ベストを尽くす。ほめられると一気にハマる。嫌いなものでも排除はしない。そして何事に対しても深く考える。考えたことをもとに発言する。アレックスを育てていて一番感心するのは、なによりもその正義感だ。世の中は公平であるべき。こう信じて育ったアレックスは、大人になった今もそのままその考え方を生き方に反映させている。

小学6年生から中学2年生までフランス語を学んだアレックスは、今度はフランス語で作文を書き始めた。6年生にあがる時に転校したのだが、中学の先生から連絡が来た時は一瞬戸惑った。

「あなたのお子さんは、この町の小学校を卒業したんですか？　つまり、何か特別な教育を受けていますか？」と聞かれたのだ。公立の小学校で、特別なプログラムは何も受けていないと答えると、「アレックスが書いた作文に描かれている社会における重要なポイントと、ユーモア溢れる説明の仕方が素晴らしい。これは今まで教えた生徒にはない特別な才能だと思います。とにかく、アレックスの、書く・読む・考えるという才能を大事に育てていきたいと思いますので、ご両親も協力してください」と言われた。

こう言われたのはいいが、何に協力すればよいのかわからない。結局、私とデヴィッドは今までどおり、私たちの〝普通〟に基づいて子供を育て続けた。子育てにおいては何も後悔していない。

高校生の時に書いた詩が賞をとり、大学入試の際のエッセイには〝長い俳句〟を提出した。俳句は長いものではない。アレックスもこれは理解していたのだが、英文学を専攻したかった彼、ノー、アレックスは、俳句のスタイルを少々変えて書いたのだ。合格を通知する大学からの手紙は最初から最後まで、この俳句に関する称賛のコメントで溢れていた。

ゲイの知人から「親へのカミングアウトが一番怖いし、ハードルが高い」と聞いたことがある。親だけにはカミングアウトできていない、というのもよく聞く話だ。

今、思いかえせば、あのカミングアウトの日、動揺する親たちを前に、冷静に自分の考えを伝えようと言葉を尽くすアレックスは本当に素晴らしかったと思うし、誇りに思う。

でも、私は自分の受けたショックでいっぱいいっぱいで、混乱していた。勇気をふりしぼったであろうアレックスのことを気遣う余裕など一つもなかった。

まるで知らない別の人が私の前に現れたって感じだった——そう。こんなふうに言語化できるようになるまで何カ月もかかったくらいショックだったのだ。

「新しい普通」——私は本当に理解できる？

話を2度目のカミングアウトの日に戻そう。

アレックスのカミングアウトの後、私と夫は車の中でアレックスに言われた代名詞を使う練習をした。必死にheではなく、theyを使おうとするのだが、やはりしっくりこない。どうしてもおかしく聞こえてしまう。何度も自分に「息子じゃない、息子じゃない」とか「he じゃない」とか言い聞かせるのだが、これがなかなか頭に染み込んでいかない。間違っている言い方をしている気がするのだ。アレックスに向かって、「私が間違っているんじゃなくて、あなたが間違っているの！」と言いたい気持ちが私の心の中にあったのも事実だ。

でもそう言ったところで何かが解決されるわけではない。

「間違っている」「正しい」と考えるのではなく、こう考えることにした。

私が親から学んだ「普通」はもう通用しない。両親が間違っていたのではなく、時代が変わるとともに社会的に何が重要なのか、何が正しいのかが変わったのだ。そして、これから社会を引っ張っていくのは私の世代でもなく私の両親の世代でもなく、アレックス世代、そしてそこに続くZ世代以降の若者だ。嫌でもその事実を認めないといけないと、感じていた。

前にも書いたが、私は8年前のアレックスのカミングアウトについて、誰にも話していなかった。その間にこのことが社会の中で小さくなったわけではない。むしろ正反対だ。アメリカでは、LGBTQ＋の当事者の声がどんどん届きやすくなっているし、社会も耳を傾けるようになっている。当事者の書いた本が次から次へとベストセラーになる。テレビ番組でも、映画でもドキュメンタリーでも、コマーシャルでも、普通にLGBTQ＋の人やカップルが現れる。「罪である」と必死に言っている政治家も宗教家も、堂々として自信を持って生きている人にはかなわないようだ。以前は隠さなければ生きにくかったＬＧＢＴＱ＋というアイデンティティーを、少なくとも私の住むアメリカでは今、当たり前のように表現しても良しとされるようになってきたのだ。

歴史的に、そして国と文化によってはＬＧＢＴＱ＋であることは危険を伴うことがある。いまだに隠さなければ大変なことになる国やエリアも多い。法律も、家族も、宗教も、社会からも存在そのものを否定されてきた当事者たち。本当に最近になってカミングアウトという行為が一般的になったのだと思う。スポーツ選手も、セレブも、政治家も、役者も、大学教授も一般市民も親も学校に通っている男の子も女の子も、次から次へとカミングアウトしている。特に若者のカミングアウトはもはやアメリカでは日常的になってきている。他人に知られると嫌だ、と思っていたＬＧＢＴＱ＋当事者たちも、今では普通に生活し、存在することが当たり前の世の中に変わってきているのだ。

ママ、パパ、子供二人と犬や猫。そんな家族構成が普通と思われていた時代と現代は別世界だ。もちろん今でもこういう家族はいるし、こうであってもいい。でも、こうじゃなくてもいいのだ。

新しい「普通」を勝手に決めて、常識を変えていく若者に腹が立つのも事実だ。まだ十分に周知されてもいない「自分たちの新しい普通」について、無知な相手を責めたりする、というのも気に入らない。とはいえ、腹が立つからというだけで「それは違うでしょう」と私は言い張っているのだろうか。モヤモヤする。
ついていかないと置いていかれると思って若者の価値観に同意するのもありだと思うし、価値観は違うけれども頑張って理解しようとするのもあり。あなたの価値観は全くわからないという人もいるし、あなたと私の価値観は全く違うという人もいる。あなたの考え方が正しいとは思わないという人もいれば、正しいと賛同してくれる人もいる。人にはさまざまな考え方がある。この価値観の違いを認め合うことができないと大きな問題が起こるのではないか。とはいっても、私でさえまだ感情が先走っているのを認めなくてはいけないので、本当に何をどうしたらいいのかがわからない。本当に私は理解できるの？

自分はノンバイナリーだとカミングアウトした時に、アレックスが言った言葉。
「これって自分自身のことであって、母さんと父さんのことじゃないから」
正確にどう言ったか英語で綴ると、
“This is about me. Not about you.”
英語でこの言い方は、決して柔らかいものとはいえない。
「自分自身のことなので」という言い方は、私には「母さんと父さんには関係ない」と聞こえた。そう言われた時に、私は怒り、それが顔に出てしまっていただろうけれど、アレックスも必死だったので気づいていなかった。数週間後、「あれはマジに腹が立った」と言った時に、アレックスは「自分たちの世代って、いつも周りに合わせるはずだという期待というか既成概念っていうか、そういう『普通』に、もううんざりなんだよ。自分たちも大人なのに、年上ばかりに気を遣って合わせる。もうそんな世の中じゃないんだ。聞きづらいかもしれないけど、本当にどう思われてもいい。自分は自分なんだ」と言った。

この考え方は私の好きな答えではなかった。でも、私が親から学んだ目上の人の考え方には敬意を払うべし、という「常識」は、本当にもう通用しないのだ。

育った時代の違いはあると思う。そしてそれを世代という言い方で都合よくまとめてしまうのは乱暴かもしれない。世代が違うから理解できないと考える前に、一人一人、「自分ごと」として判断しなくてはいけないのかもしれない。

若者と親との世代間ギャップ

LGBTQ＋に関して猛勉強が必要だと感じた私は、アレックスが教えてくれた本やインターネットの記事など、すべてに目を通した。また、さまざまなデータにもあたった。いくつか紹介したいと思う。

まず、カリフォルニア州立大学ロサンゼルス校ロースクールの研究調査機関、ウィリアムズインスティテュートの調査*によると、アメリカの人口の11%、約120万人がノンバイナリーで、年齢的には18歳から29歳が76%を占めている。

もっと詳しく分析した内容もある。トレバープロジェクト†というアメリカのNPOの調査だ。この団体は、LGBTQ+とノンバイナリーの当事者の自殺予防活動やカウンセラーの24時間待機など、当事者に寄り添った活動をしているが、ここのデータによると、ノンバイナリーとカミングアウトした人のうち、13歳から17歳が26%。18歳から24歳が27%だというデータを持っている。

(ちなみに人種で分けたデータもある。白人系、黒人系、アジア系、マルチ、ネイティブ・先住民などどの人種もおおむね25%〜30%と、大差ないデータとなっている)

ノンバイナリーに若者が多いのは、その世代がカミングアウトしやすい環境にあるからだ。そんなふうに社会を変えた彼らのパワーはすごいし、「やるじゃない！」と言いたい。それに対して、60歳近い私には、そんなエネルギーがもうない。横から応援し、「全部は理解できないけれど、子供は子供」と愛をもって支えて見守るのが精一杯。それでも時折、社会の変化についていけず、もう少しだけスローに、やさしく、ソフトランディングしてくれないだろうかと思ったりもしている。

ここでちょっと〝世代〟の話をしたい。若い世代、いわゆるZ世代のことだ。Z世代とは、

１９９６年頃から２０１２年頃に生まれた人たちのことで、現在、12歳〜28歳くらいの若者を総称して言う。

世代にレッテルを貼ったり、「この世代はこうだ」と決めつけるのは乱暴だという意見もある。それももっともだが、それでもあえて世代の話をするのは、今アメリカでは、ジェンダーに関する問題だけでなく、政治や環境など、さまざまな課題において、若い世代と中高年世代とのギャップが頻繁に語られるからだ。

例えば以前、ＣＮＮのニュースサイトで見た記事‡では、俳優・映画監督のジョディー・フォスターさんがこう語っていた。

「Z世代のスタッフはとにかく面倒くさい。『何言ってるの、あなた』と思わせられることが

＊Bianca D.M. Wilson, Ilan H. Meyer, "Nonbinary LGBTQ Adults in the United States", UCLA Schools of Law Williams Institute, June 2021
https://williamsinstitute.law.ucla.edu/publications/nonbinary-lgbtq-adults-us/

†The Trevor Project - Suicide Prevention for LGBTQ+ Young People
https//www.thetrevorproject.org

‡Marianne Garvey, "Jodie Foster describes what she finds 'really annoying' about working with Gen Z", CNN, January 8, 2024
https://edition.cnn.com/2024/01/08/entertainment/jodie-foster-gen-z/index.html

しょっちゅうで、若い人を雇うべきか、もっと年上を雇うべきなのか迷う」と。その例として、スタッフに「単語のスペルが間違っている」と注意したところ、「スペルに縛られたくないのよね」と答えたそうだ。フォスター監督が、「違うのよ、あなた方の意思でスペルって変えられるものではないの」と言うのを読んで、「お〜、よく言った〜！」と同世代の私は思わず嬉しくなったのを覚えている。

Ｚ世代の若者は、自分たちでルールを作り、自分たちの価値観に従って行動することを恐れないので、私たち古い世代とは、とかく摩擦が起きがちだ。ルールは変えてもいい。でも、「それを説明しないとわからないわよね」と言うと嫌がる。まだ若いからだろうか。とりわけＬＧＢＴＱ＋の問題においては、彼らが先頭に立ってパラダイムを変えようとしている。タイムズ誌の記事*によると、Ｚ世代は、２０１０年の半ば頃から世代全体でトランス、ノンバイナリーを認めて支えるという動きを始めたとある。

今やアメリカでは小学生が普通に「私もノンバイナリー」と言っても誰も驚かないくらい完全に社会に浸透している。賛成するとか反対するとかは関係なく、認知されているのだ。

それはこんな話に似ているかもしれない。

１９５０年代までのアメリカでは、生まれつき左利きの子供を強制的に右利きにしようとした。学校でも家庭でも、ハサミも包丁も鉛筆も、何もかも右手を使いなさい。左手の方が自分にとっては自然かもしれないけれど、それではダメ。とにかく右手を使いなさいと言われていた。私の祖母の一人もそうだった。

しかしそのような考え方は、いつの間にかみんなばかばかしいと思うようになり、今では左利きの子供に右手しか使わせないというような教育をする学校はなくなった。そして、誰も左利きの人に対して違和感を持たないようになったのだ。左利きの人がいるということが普通になっている。

これと同じように、若者たちは、ＬＧＢＴＱ＋やノンバイナリーの存在を当たり前のこととして受け入れている。

さらにインターネットによって、情報の量もスピードも加速している。私が初めて「ゲイ」や「レズビアン」という言葉を知ったのは中学生の時だ。そして友達がゲイだと初めて知ったのは大学生の時だった。それに比べると、ＳＮＳで世界とつながっている今の子供たちの状況は全く違う。

＊Young People Are Taking Control Over Their Gender Identity, New Research Examines Diversity of Nonbinary Youth, *The Times*, July 12, 2021

私が「若者」ということにこだわりすぎていると、読んでいて思う方もいるかもしれない。しかし本書は、子供にカミングアウトされた親や当事者の周りにいる人のために書いた本なのだ。

そして、当事者の親は、若者とは呼べない年齢の人が多い。世代の違いを認めるのは年を取った私たちだけではなく、ノンバイナリーの若者にも「そうだね」と言ってもらいたいと私は思っている。

絵文字も⁉　次々生まれる「新代名詞」

アメリカやヨーロッパではノンバイナリーだとカミングアウトした人が、一番初めに主張することがある。それは、自分の代名詞だ。

一人称のIとかmeはジェンダーを問わずに誰でも自分のことを表現できる。youとかtheyも使っただけでは相手が女性なのか男性なのかはわからない。英語でジェンダーが問題になるのは、「彼」「彼女」という代名詞を使う場合だ。英語では、名前を使わずに誰かを呼んだり指す場合、男性形と女性形を分けるのが一般的だからだ。男性を指す場合にはheとかhimと言い、女性を指す場合にはsheとかherと言う。

ノンバイナリー当事者は、男性、女性といった二元枠にはまらないことから、代名詞についての意識が異なる。he や she といった性別を限定する従来の代名詞では自分のジェンダーが正確には伝わらないからだ。そしてそれは、個人的な希望を超えた社会的な主張でもある。女に見えるからって女と決めつけないで。外見が男っぽいからといって he と呼ぶのはやめて。ノンバイナリーとしての代名詞を使うことによって、自分のアイデンティティーを示すことはとても重要なことなのだ。

ノンバイナリーの人たちが自分で代名詞を決める場合もある。

一般的に、ノンバイナリーの人たちが使う英語の代名詞は they とか them だ。

ちょっと待った。その言葉って複数の人のことを指す時に使う言葉でしょう。「彼ら」「彼女ら」と言うように、they は複数の人たちを指す場合に使うよね。そう学校でも教えられてきたし。

それが違うらしい。アレックスからも、英語で they が一人を示す場合にも使えるという事例をいくつも教えられた。またその後、自分でも調べてもみた。

「自分が知っているのは、例えば14世紀に書かれた詩の中でジェンダーを意図的に曇らせるために they を使っていたということ。この詩は "William and the Werewolf"* っていうらしいよ。

＊1200年頃のフランスロマンス詩をルーツとして1350年に書かれたこの英語詩は、オックスフォード英語辞典で、単数形 they の使用例の最も初期のものとして引用されている。

その他にも、1910年から1940年頃まで“Krazy Kat”*っていうジェンダーニュートラルなキャラクターの漫画があったんだよ。これもフランスの例だけど、古フランス文学では自分の代名詞を自分で決めた登場人物がいたりするんだ。イギリス文学でもそうだよ。シェイクスピアでさえ複数形のtheyを一人の人物に当てはめて使っていたんだから。みんな知らないだけなんだよ。あ、あと、スウェーデンでは、みんなが使い始めていた『Hen』という人称代名詞を政府が『皆さん、ジェンダーを特定しない代名詞として、これからはこれも使いましょう』と認めたんだって。それってすごいよね、国からそういうことを発信するのは」

そう言われると「なるほど」と思うのだが、これはあくまでも例だと思ってきた。ここでも私が考え方を変えなくてはいけないのか。

また、英語圏、特にオーストラリア、北アメリカ、ニュージーランドやヨーロッパのノンバイナリーの人は、自分で代名詞を選ぶだけでなく新代名詞まで作っている。これを、neopronounというらしい。直訳すると、まさに、新しい代名詞、となる。これが今、アメリカでは大きな話題になっている。

歴史をさかのぼると、確かに男性にも女性にも使える代名詞があったようだ。

「だから必ずしも新しいわけじゃあないんだ」とアレックスは言いつつ「でも、確かに代名詞に関しては、もう何でもありって感じで、特に近頃の若者が勝手なことをするのでどんどん混乱しているのも事実なんだ」とも。

アレックスにこう言われた時は、大声を出して笑ってしまった。

「あんたも『近頃の若者は』って、愚痴るのね」と言ったら、ちっとも面白いと思っていないらしく、「本気なんだけど」と返された。

「それって、私のセリフよ」と言ったら、「笑うなよ。マジで困っているんだ。若い奴らの行動で大変なことになっているんだよ」

「ごめん、大変なことって何？　説明して」

私が、アレックス世代の代名詞がどうのこうのと言われ、違う使い方を求められているのに、そのアレックス世代がさらに下の世代に対して「近頃の若者は……」と言って困っているのがかわいい。いや、確かに可哀そうではあるが、笑える話でもある。

「聞いてよ、母さん」と言うので必死に笑いをこらえていると、「あいつら絵文字を代名詞に使おうとしているんだよ。いいかげんにしてもらいたいよな。こっちは必死だし、本気なのに。何が絵文字だ。それだけじゃないんだよ。自分は妖精だとかドラゴンだとか言う奴もいるし。そして妖精専用の代名詞を作ったりしてるんだ。冗談じゃないよ」と本気で怒っているアレックスの言葉に唖然《あぜん》となった。絵文字が代名詞って、どういうこと？　妖精？　ドラゴン？

＊ジョージ・ヘリマン作。１９１３年から１９４４年までアメリカの新聞に連載。のちに舞台化やアニメ化をされるなど人気を博した。

「ちょっと待って。絵文字ってどうやって代名詞にするの？」
「知らんわ。ただ、『私の代名詞は……』っていう後に絵文字を出すんだよ。いいかげんだろう？」

私も検索してみた。確かに中学生の年代の若者が自分を猫だと言って、猫が使うであろう代名詞を作り、自分のことを「『ニャン』と呼んで」と言っているのを見つけた。名前の代わりに「ニャン」を使うのではなく、「外で待っているニャンのところにこれを持って行って」など、本当に代名詞の代わりに使っているらしい。欧米の若者たちは、日本のアニメにはまっている。日本のアニメのおかげで日本語で猫が「ニャン」と鳴くのを知っているらしく、これを代名詞にしようとしているらしい。呆れて言葉が出ない反面、私が子供の世代に対して苦労しているのが、アレックス世代にも少しはわかってもらえたかと思うとちょっと嬉しい気もする。

その他、現在も一般的に受け入れられている新代名詞が英語にはたくさんある。例えばtheyの代わりに、「ze」「xe」「e」「ve」「tey」「ne」「it」などがある。「it」を発見した時にはびっくりした。英語で「it」は「物」を意味し、「あれ」とか「これ」を表現する時に使うのだ。ポイントは、若者は新しい言葉を作り、それを使ってもらいたいと本気で主張していることだ。

こうした若者の動きがきっかけとなり、代名詞に関して敏感になりつつあるのが現在の欧米だ。例えば、今の英語圏の国では自己紹介する時に、自分の代名詞は何を使ってほしいかを伝えるのが徐々に普通になってきている。

「私の名前はアミアです。私の代名詞は she と her です」

文章でも、例えばメールの最後に名前を書くが、その後に（she / her）と書くようになってきた。このように「マナー」も変わりつつあるのだ。「自分にはこの代名詞を使ってください」とみんなが言うことで、代名詞がノンバイナリーだけの問題ではないという環境を作ろうと意図的に現れた現象だろう。みんなが自分の代名詞を教えて自己紹介するようになると、they という代名詞を使って自己紹介するノンバイナリーの人だけが目立つこともなくなるのだ。そのためにまずは自分の使ってほしい代名詞を伝えて、自己紹介をするようになったのである。

これを強烈に嫌がる人がいる。〝そこまでしなくても〟という意見が主なクレームだ。また、「面倒くさい」とか、「若者に合わせる必要はない。権力を持っているのは我々なので」と言う人もいる。

違う意味での成功例もある。

ノンバイナリーという言葉とそれに伴う考え方や意識などは１００年以上前からあるといわれている。しかし、これが一般社会に浸透してきたのはごく最近のことである。もっとも私もアレックスにカミングアウトされて初めていろいろな書籍や記事を読むようになって知ったのだが。

歴史の中の「ノンバイナリー」的な存在

北アメリカを例にとると、かつてはヨーロッパから白人が移民として現在のアメリカ合衆国とカナダにやってくるまで、先住民族として「インディアン」と呼ばれていたネイティブアメリカンの人々が暮らしていた。そのネイティブアメリカンにはどの集落にもTwo-Spiritと呼ばれる人たちがいたらしい。このTwo-Spiritという人は、その集落やその民族の行う儀式などで特別な役割を務める大事な人たちであった。儀式の中で先祖や、大きな魂（神様）との仲介役を担っていたようだ。そして、この人たちは、男でも女でもなく、両方、もしくは第三、第四のスピリット（魂）を持っていたとされている。白人がヨーロッパからやってきて、先住民を殺し、集落を破壊し、キリスト教を広めようとした時、このTwo-Spiritという人たちは特に「異端」とみなされ、存在を否定されるとともに、儀式なども禁止されたのだ。しかし、最近になって北アメリカのネイティブアメリカンの子孫の人たちが、このTwo-Spiritの存在を復活させ、昔ながらの儀式を行って参加者も増えているようだ。

アメリカ大陸だけではない。古代からインドではヒンドゥー教の女神に帰依《きえ》した第三の性を持つヒジュラという人々がいる。この人たちはヒンドゥーの社会において、儀礼上重要な役割を担ってきた。また、中東オマーンのハンニースや、インドネシアのチャラバイ、タヒチのマフ、トンガのファカレイティなど世界中で第三の性を持つ人々の存在を見つけることができる。15世紀フランスの守護聖人であるジャンヌ・ダルクも、女性の代名詞から男性の代名詞を使うように、意図的に選択したと言われている。

こう考えると、ノンバイナリーといわれる人と似たような存在（ジェンダーアイデンティティー）は古くからあったといえる。現在では儀式などとは関係なく一般社会に浸透し始めたので、珍しいと思われているのかもしれない。

ここである大きな違いに気がついた。前からいた、と、前から知っていた、とでは全然違う。今までは、ノンバイナリーという枠に入る人がいたとしても、その人たちの存在を私は知らなかった。そして、以前からＬＧＢＴＱ＋の当事者は世界中のどこにでもいると知っていても、当事者のことをテレビや映画の中でしか見ていなかったので、その人たちが実際にどのような人なのかわからなかった。いつ頃からいたのかも知らなかった。これでは、アレックス世代が年上の「普通」を素直に認められないのもわかる気がする。

「私たちのジェンダーを勝手に決めないでくれてありがとう」

ある日、シアトルの自宅の近くのカフェに入ったらレジの横に小さな黒板があり、チョークでこのように書かれていた。

「私たちのジェンダーを勝手に決めないでくれてありがとう。代名詞が知りたければ聞いて」

これもまた大胆！　カウンターの向こうで働いている若者は、私には女性に見える。女性の体と顔と服装だからだ。でも、自分を女性と思っていないのかもしれない。だからこの人は「代名詞が知りたければ聞いて」と書いているのだろうか。

個人的には、代名詞よりも名前が知りたい。私はレストランやカフェやバーに行ったら、まずサーバーの名前を聞く。何か欲しいものがある時や必要な時には名前で呼びたいからだ。プライバシーにかかわることだから、聞いてはいけないことなのか。なるほど今はそういう時代だ。では、呼ばれたい名前の仮名でもいい。でも店員から「it（それ）と呼んで」と言われても、呼べる気がしない。この感覚はもう古いのだろうか。

アメリカ人は、人種も出身地も肌の色も言葉も違って当たり前。かつて〝インディアン〟と呼ばれていたアメリカ先住民族、ネイティブアメリカン以外の国民は、移民か奴隷の子孫だ。そのほかは、ヨーロッパから宗教の圧迫を感じて逃げてきた人、アフリカから誘拐されて奴隷として白人に売られてきた人、中南米やインド、アジアから仕事を求めて移住してきた人を祖先に持つ人々で作られている国だからだ。人種も宗教も伝統も違う出身地からやってきた人が集まっている国だ。

ひとくちに「アメリカ人」といっても、皆、さまざまなルーツやバックグラウンドを持って生きているのだ。ジェンダーも、代名詞もさまざまなのだ。

世界中どこに行っても共通していることがある。どこに行っても朝起きて、「今日はわざと大嫌いなものを食べてみよう」と思う人はいないだろう。また、「今日は大嫌いな人と会うのが楽しみ」と思う人もいないだろう。

人間は誰にでも人権があり、平等であり、人生で望むものは誰しもが同じなのではないかと思う。

愛されたい。

幸せになりたい。

美味しいものが食べたい。

楽しく生きたい。

そして、日々、好きな人と一緒に過ごす人生でありたい。

自分の子供、妻や夫、両親、恋人。友達もそうだ。好きな人と心を分かち合い笑い合うことは、心温まる大切な時間だ。一緒にいて、自分が楽しいと思える人や相性が合う人は大切にする。これは国や文化も超えて、世界に共通する事実だと思う。

ところが付き合う人が自分と同じ性である場合、大きな問題とされるケースがある。これはなぜだろう？　アメリカの場合は、理由がいくつかあるけれど、一番大きな問題となるのは宗教だ。キリスト教やユダヤ教、イスラム教では経典で同性愛を禁じている（ただし、時代とともに、また宗派によってその解釈もさまざまになってきている）。また、法律が同性愛を禁じた宗教に基づいている国では、同性愛者は逮捕、厳罰を科すというところもある。

宗教上、「罪」であるとされている以上、人々は罪を犯したくないと考える。罪を犯せば、家族から、社会から、そしてその宗教から追い出されてしまう。血のつながりよりも神様とのつながりの方が大事だと考えている人が大勢いるのである。先に書いた私の従姉妹《いとこ》のように。

親の会に参加する

私の両親はクリスチャンだ。私はキリスト教徒として育てられた。大人になってから、私は何を信じているのかと真剣に考えてみた結果、私の信じているキリスト教の神様は同じ性の人とセックスをしても何も言わないだろうと判断した。私の神様はそんなにケチではない。そんなに器が小さくない。聖書にはいろいろ書いてあるけれど、それをすべて信じているわけではない。だから、私は決してＬＧＢＴＱ＋やノンバイナリーが宗教的に間違っているとも思わない。しかし、本当の自分に正直に問いかけてみると、子供がバイセクシュアルだとか、ノンバイナリーだとカミングアウトするまでは、友達がＬＧＢＴＱ＋だったり、ということはあったにせよ、それほど深く考えたことはなかった。自分の中では「私には関係ない」ということになっていたのかもしれない。

これは反省する。いまさらだけど反省しなければならないし、猛烈に反省している。私には関係ないという気持ちがどこかにあって、友達が悩んでいる時に気がつかなかったかもしれない。また、LGBTQ＋の子供を持つ友達に「元気？　子供はどう？　あなたはどう？」など積極的にコミュニケーションをとらなかった。これも今から振り返ると恥ずかしいことだ。気がつかなかった、そして気がついてあげられなかった自分が悔しい。

反省すると同時に私は自分の行動を変えることにした。

アレックスの二度目のカミングアウト以降、私にはLGBTQ＋の子供を持つ親やノンバイナリーの子供を持つ親の存在が必要だと感じて積極的に探してきた。そして、インターネットで見つけたLGBTQ＋やノンバイナリーの子供を持つ親の会に参加したりしていた。安心できる親の会につながるまで、簡単ではなかったのだが、詳しくは後ほど。

私の気持ちがわかるのは、私と同じ立場にいる親なのだ。「どうすればいいの」と悩んでいる親もいれば、「こんな子に育てた覚えはない」と突き放してしまう親もいる。「子供を愛する気持ちは変わらない」と言いつつも、みんな動揺しているのは確かだ。

親の会のルールは団体によりいろいろあるが、基本的には、その場で聞いたことは他言無用。よそでペラペラしゃべらないこと。そして、身元を明かさなくていい、という二点が共通している。会場では、見知らぬ相手同士だからだろうか、皆、本音で話し出すのである。心のわだかまりを全部吐き出してくる。私と同じような経験をして、私と同じような悩みを持った人がいる。そして、私と同じようにみんな頑張っている。このようなグループを見つけた時にはどれだけ癒《い》やされたか。どれだけ嬉しかったか。そして、自分が少しずつ変わってきているのに気がついた。

「私の子供はＬＧＢＴＱ＋です」と発言する親たちもたくさんいる（もちろん、子供自身がジェンダーをオープンにしている場合に限るけれど）。多様な性のあり方に理解を示し、支援や応援のために行動する「アライ（Ally）*」と呼ばれる非当事者たちが、自分の周りにもたくさん存在していた、というこの事実を知るだけでも勇気が出た。

　最近、友達が車に「自分の子供を誇りに思う（PROUD Parent）」と書かれたレインボーの大きなマグネットをつけた。もちろん子供の許可を得てのことだ。これはある親の会のメンバーから教わったことだが、自分の子供を愛するのなら、自分の子供は「バイセクシュアルである」「ノンバイナリーである」ということを隠さない、恥ずかしがらない、というようにしなければならないと言われた。もちろん、子供がどこまでカミングアウトしているかにもよるけれど、思いきり堂々と「私の子供はノンバイナリーなの」と、私も今ではそういうように話すことにしている。親の会のメンバーには、今でもいろいろとアドバイスをしてもらいたいし、わからないことは教えてほしいし、時には愚痴も聞いてもらいたい。当事者の親だからこそわかることがあり、当事者の親にしかわからないことも多いのだ。この人たちが、そして私が探して見つけた、周りの理解者たちが私の支えになっている。このマグネットを私も買って、今は自分の車につけている。

ちなみに夫は、私のような行動はとっていない。子供にカミングアウトされたからといって、別に困っている様子もない。深く考え、悩んでいるのは家族三人の中で、私だけのようだ。これはどういうことなのだろうか。夫も私も日々忙しく、夜は疲れているのでアレックスのカミングアウトに関しての話をするわけではない。もっと夫に愚痴ってもいいのだろうか？　一人で悩む必要もないようにも思えてくる。

そう考えると親の会のメンバーは、非常に貴重な存在だ。本当に仲良くなった人もいれば、会の中でしか話さない人もいる。それでいいと思う。この会では、ＬＧＢＴＱ＋やノンバイナリーの当事者を支えるのは当たり前のこと。でも、当事者の家族を支えるのは必要なことなのだ。私も当事者の家族になってみて、やっとそれに気がついた。

では私には何ができるのか。と、深く考え始めてその答えが出たのは二度目のカミングアウトから半年後のことだった。

＊多様な性のあり方に理解がある非当事者で、支援者、応援者のこと。

私の経験を、アメリカ社会の現状とともに日本の人々に伝えたい。そうすることで、ＬＧＢＴＱ＋やノンバイナリーの当事者はもちろん、その親も家族も友達も、みんなが自由に生きていける社会になればいいと思う。

私一人でできることではないが、そのきっかけとなる種をまくことはできるのではないか。

東北での復興活動で生まれた思い

日本のために働きたい。日本とアメリカの懸け橋になるような活動がしたい。そんなふうにごく自然に思うのは、「はじめに」でもお話ししたように、２０１１年12月から２０２０年の間、東日本大震災で壊滅的な被害を受けた岩手県陸前高田市とその隣の大船渡市で、復興活動のお手伝いをしてきたことが大きい。

その10年は、幼い頃に家族と日本で暮らした経験とも、大学を卒業して、35年間続けていた日米関係の仕事とも比べものにならないくらい濃密なものだった。

都会とは違う、日本の地方での暮らしやコミュニティーの奥深さとともに、よそ者をなかなか受けつけないお土地柄、お国柄の〝洗礼〟も受けた。

復興活動をしていた時に出会った人とは今でも連絡を取り合っている。

ＬＧＢＴＱ＋やノンバイナリーの情報を探したり、検索したりして勉強をしている時に思い出した言葉がある。岩手県大船渡市のYさんの言葉だ。

「なんで、なにもかも横文字なんだ」

横文字。カタカナ。日本語にはない言葉を無理やり日本語にした言葉たち。ノンバイナリーもそう。ジェンダーもそう。ゲイも、トランスも、シスも、クィアもそう。全部横文字。全部カタカナ。全部外来語だ。

ならば、日本にこの横文字の言葉が現れるまでどうしていたのだろう。例えばトランスやクィア、ましてノンバイナリーというカテゴリーの人は自分たちのことをどう表現していたのだろう。これらの横文字外来語が現れるまでジェンダーに関する話はしづらかったのではないか。外来語が広まってきたことで、理論や理解がぐんと進んだということがあるのではないか。日本人はこれら横文字の言葉に関してどう思っているのだろう。

もう一つ新しいカタカナ用語が出てきた。先ほど「シス」と書いたが、これも説明しなくてはいけない。

シスとは生まれた時に割り当てられた性（私の場合は女）と、自分はこうだと思っているジェンダー（これも私の場合は女性）が同じことを言う。一歩下がって考えると、今までは「シス」であるのが「普通」だったのだ。私も「シス」や「シスジェンダー」という言葉を知ったのは最近の話だ。自分が女であるという自覚はあったが、正直、他に選択肢があるとは思ってもみなかった。女の子として生まれたので今も女性。女性として生きてきたので今も女性。でも、この「普通」がここ十数年で変わってきたのだ。

ある時、ノンバイナリーに関する本を読んでいたら、その本にはこんなことが記されていた。「みんなそれぞれ『箱』なり『枠』なり、きれいにあてはまる『レッテル』がある。ゲイはゲイ。トランスはトランス。誰が好きか、自分は何者か。わかりやすく説明できる人はいいけれど、それができないのがノンバイナリーなのだ。誰が好きかなどという性的指向は必ずしも一致しない。自分は何者かということは自分で決めなくてはいけないのだ。あれでもない、これでもない、と『ない』に当てはまる『枠』はあっても、『自分はこれです』という『枠』がなかなか見つからない以上、自分たちで作っていかなくてはいけない。それがまさにノンバイナリーである。『あれでもなくこれでもないけれど、あれでもありこれでもある』と自分たちで自分たちのことを説明できるようになったのもごく最近の話だ。だから、定義もそれぞれ違っていい。そういうわけで『私もノンバイナリー』と手をあげる人が増えてきている。やっと私たち専用のカテゴリーができたのだから」

やっとできた「自分たち専用の箱」

レッテルを貼られたくないのに専用のカテゴリーを喜ぶのは、矛盾しているようにも感じられる。

誰がどういう分類の仕方を必要としているのだろう。

例えば、私はアメリカ人であり、女性であり、「シス」であり、日本人から見れば外国人である。これも全部「箱」であり「枠」であり「レッテル」だ。私の場合は、自分でも納得できる、当てはまる「箱」があったのだ。アレックスは、どれだけ長く「自分は何なんだ」と悩んでいたのだろうか。ノンバイナリーというカテゴリーの存在を知って「これだ！」と瞬間的にわかったのだろうか。どちらにしても「枠」に入るということは、「この人、よくわからない」と思われない一番簡単な方法かもしれない。今まで「枠」がなかった人たちに初めて「枠」ができた。そして、「枠」の中にも居心地がよくないものもあるかもしれない。その時には違う「枠」を作る。自分に合う「枠」があるというのはとても大きな意味があるし、ホッとするのではないだろうか。

いろいろな選択肢がなかったからなのか、「枠」の存在など気にしなかった私の親世代。いや、私の世代もそうだった。しいて言えば、その世代にあった「枠」は人種だけだったのかもしれない。だからこそ、若者たちは今までなかったものをイチから作っていかなくてはいけなかったのだ。そして、新しいことを始めようとすると、ついていけない人が出てくるのは当然のことだ。私だって完璧に理解しているとは言い難いし、苦労もしている。でも、「箱」「枠」「レッ

＊Micah Rajunov, Scott Duane, *Nonbinary: Memoirs of Gender and Identity*, Columbia University Press, 2019

テル」があって初めて自分の存在が世間に認められるということも理解できる。この事実が受け入れられ、浸透していくのはまだまだ先の話かもしれない。徐々にわかってきたような気持ちもしてきた。

でも。

「箱」ねぇ。この考え方が私の親世代に、また世界的に認められるようになるのはいったいいつになるのだろう。

言葉って大事だ。

考えていること、出来事や感情を表現するには言葉が必要だ。日本語と英語を話す私が、一番自分らしいと思うのは、日本語と英語を交互に使い、自由に単語を入れ替えて今の自分の一番言いたいことを選んで話す時である。これができないと本当の私ではないというわけではないが、これができる私が、一番居心地がいい。

だからこそ言葉をど真ん中に置いた仕事を積極的に選び、言葉を理解しているからこそできる仕事に専念してきた。

アレックスが自分はノンバイナリーだとカミングアウトした後で私が気づいたことは、アレックスが自分を表現する言葉を見つけたのが最近であるということだ。

アレックスが子供の頃から自分のことを言葉で自由に表現できない、周りに自分のような人がいない、と思っていたのなら、アレックスの想いを的確に表す単語がなかったということが大きな問題だったのではないか。今になってやっとカミングアウトできたアレックスは、すでに30歳だ。自分を表す言葉が若い時にあったなら、もっと若い時にカミングアウトできていたら、アレックスはどんな人になっていたのだろう。

日本語がどのように変化しているのか私にはわからない。新しい言葉がどんどん生まれているのは知っている。また、横文字、カタカナが生活に浸透していて新しい外国語も次々と取り入れられているということがわかっていても、私には日本語の変化を説明できない。でも、英語の変化は知っているし、説明もできる。

例えば、girl（女の子）という単語は、15世紀まで男の子も女の子も意味する「子供」と同じ意味だったらしい。15世紀になってboy（男の子）という新しい単語ができてから、boyは男の子のみに使われるようになり、girlは女の子のみに使われるようになったそうだ。

同じように昔は英語で「あなた」のことをtheeとかthouと表現していたが、今ではこの単語を使う人はいない。「あなた」はいつの間にかyouになっていた。

アレックスが子供の頃には、私もアレックスもノンバイナリーという言葉を知らなかった。私が知ったのはごく最近のこと。もちろん、アレックスがカミングアウトしてからは、いろいろなところで耳に入ってきたり、目につくようにはなったが、私にとってはまだ新しい単語なのだ。先日行ったネイルサロンには、ノンバイナリーのテーマカラーであるパープル、イエロー、ブラック、ホワイトをベースに「ＴＨＥＹ／ＴＨＥＭ」とノンバイナリーの代名詞をデザインしたネイルの見本が飾られていた。「こんなデザインあります」とお客に見せることによって、ノンバイナリーの当事者の存在意識を高めようとしているらしい。こういう行動をとるのは素晴らしいと思う。もしかしたら、これがアメリカの「おもてなし」なのかもしれない。

アレックスが子供の時にノンバイナリーという言葉を知っていたら、もっと早くカミングアウトしていたか。この答えは永遠にわからない。今の子供は、普通にＬＧＢＴＱ＋の単語も意味も知っている。どこまで詳しく理解しているかは別にしても、単語が存在しているということは知っていると思う。私の周りでも、ＬＧＢＴＱ＋やノンバイナリーであるとカミングアウトする10代の子供が非常に増えてきた。もっと早くカミングアウトする子もいるそうだ。アメリカでＬＧＢＴＱ＋やノンバイナリーの当事者の数が爆発的に増えているのは――特に若い当事者が急激に増えているのは、自分が以前から抱えていたジェンダーに関する違和感を表現できる単語が見つかったからではないかと言われている。ＬＧＢＴＱ＋やノンバイナリーという単語が一般化したことにより、自分を表現できる選択肢が広がりカミングアウトしやすくなったのではないかと思う。

一般的に〝保守的〟と言われている人たちの中には、その意見に反対し、いや、これは若者の間の一種のトレンドなだけだ、と言う人がいるのも事実だ。そして不思議なことに、当事者に対しては強圧的な態度をとってもいい、と思っている人もいるらしい。いるらしい、と書いたが、実際、どうしてこんな態度がとれるのだろう？　と疑問に感じるような振る舞いに対する告発動画がＹｏｕＴｕｂｅなどで次々に流れてくるのが今のアメリカだ。

アメリカでは州ごとに州法が設定できる。この州法は、日本で言う条例のようなものではあるが、もっともっと強制力の強い法律だ。その州法で保守的傾向の強いテキサス州などでは、トランスジェンダーやノンバイナリーの権利を縮小するような法案が検討されていると聞いている。このような動きは、現在のジェンダーの多様性を一過性のものとみなしているのではないか、また、あまりに増えすぎた代名詞や、日々変更される定義への反発なのかもしれないとも思う。

アレックスはＬＧＢＴＱ＋やノンバイナリーの当事者に対して「流行だ」とか、「トレンドでしょ」とか言う人に対して激しく怒るのだ。

「バカにされているな」とアレックスは言う。「理解できない、理解しようとしない人の意見は聞きたくないね」とキッパリ言われた。

ほぉ。

トレンドや流行ではないというのは私にもわかる。

でも「聞きたくない」とシャットアウトするのはどうかと思う。このようにかたくなにならざるを得ないほど、アレックスも今まで辛い思いをしてきたのかもしれない。しかし、嫌でも相手の意見を聞かないとどんどん分断は進んでしまうのではないか。

日本でもアメリカでも、世界中のどの国でも、昔からLGBTQ＋やノンバイナリーの人はいたはずだ。隠れていたかもしれないけど、必ずいたと思う。特別視されないでテレビ、ネット、映画に出られるようになったのは最近のこと。今のアメリカでは、少なくとも表面上、カミングアウトしても仲間外れにされるとか、会社をクビになるという心配をしなくてよくなったのも最近のこと。社会の中にLGBTQ＋やノンバイナリーの人の姿が見えているということは大きなことなのだ。当事者でない私が「LGBTQ＋やノンバイナリーの人への差別は減ってきましたね」と軽く言うつもりはない。カミングアウトして会社をクビになった人もいるし、ハラスメントを受けた人もいる。いじめられた人もいるし、自ら命を絶った人もいる。殺された人もいる。心の中で悩んでいる人は、今でも大勢いるはずだ。でも、数十年前と比べたら、だいぶ社会に認知されてきていると思いたい。

LGBTQ＋の当事者とノンバイナリーの当事者の大きな違いの一つは、LGBTQ＋の存在は社会的に認められていても、ノンバイナリーについてはノンバイナリーという言葉すらまだ知らない人が大勢いるということだ。

「次は私たちの番」

２０１６年の話。イギリスを訪問していたアメリカのオバマ大統領が、若者を大勢集めた講演会*で20歳のイギリス人、マリア・ムニアさんから「私はノンバイナリーなんです」と公的な場所でカミングアウトされた。オバマ大統領は、ノンバイナリーとは何かを知らなかったのか、自分の政権が頑張っていることや、これからも若者には「このままではいけない」ということを言ってもらいたいなどとコメントした。この講演を聞いていた大勢の人がＬＧＢＴＱ＋に比べてノンバイナリーの存在があまりに知られていないということを知った。米大統領として史上初めて同性婚支持を公に表明したオバマ大統領でさえ、生放送されている講演会で「私はノンバイナリーです」とカミングアウトされても、的を射た回答ができなかったのだ。勇気を出してカミングアウトをしたのに、自分の政権は頑張っていると言われても、マリアさんにとっては歯がゆい回答であったに違いない。

アメリカではＬＧＢＴＱ＋に関するさまざまな問題や課題が、教育、社会、政治、宗教、科

＊２０１６年４月24日　イギリス・ロンドンタウンホールにて開催。

学、そして言語学などのあらゆるジャンルで大きく取り上げられ議論されている。例えば、トランスの人が使えるトイレはどうするのか、教育現場での配慮はどうするのか、アスリートの種目や出場資格、当事者同士の結婚にかかわるさまざまな問題についてなどが、ごく当たり前に家族の夕食の話題にものぼって語られ始めている、という印象だ。

さらに、ＬＧＢＴＱ＋に関していえば、性的興味や性的対象がどの性であるかだけで決めつけられるものではないという理解も広がってきている。ＬＧＢＴＱ＋であることやノンバイナリーであることにはもっと深い意味があって、セックスの話だけで決まることではないのだ。

これもアメリカの話だが、ＬＧＢＴＱ＋の社会的存在がどんどん大きくなり、みんなに知られるようになってから、ノンバイナリーの人たちは「次は私たちの番」だと思っていて、社会の中で、もっとノンバイナリーのことを知ってもらう必要があるということを強調するようになってきた。ＬＧＢＴＱ＋が社会に浸透し認知されてきても、ジェンダーの話になると、まだ男と女、ブルーとピンク、男性ホルモンと女性ホルモン、彼と彼女というようなカテゴリーに分けられてしまう。「どちらでもない」もしくは「私は両方」というノンバイナリーの人の居場所がないのだ。ここでも、恋愛の対象やセックスの相手がどうだということは関係がない。この定義はしっかりしているし、私もよく理解できる。

カテゴリー化ができない以上、わかりやすい「箱」にも「枠」にも入りにくいノンバイナリー。レッテルを嫌い、既存の「箱」に入れられたくない人たちにとっては、ここが大きな問題だ。

病院に行って自分のジェンダーを選ぶ時も「男」と「女」の二者択一が今までの普通だった。自動車免許証のカテゴリーも「男」と「女」のみ。その今までの普通を覆そうとしているのがノンバイナリー。本当の自分を表現できる「箱」がないと、自分の存在を否定されているように感じる、というのもわからないではない。

ちなみに、アレックスの〝ノンバイナリーである〟というカミングアウト以降、私も「男」と「女」以外のカテゴリーを意図的に選択肢に入れているさまざまなものが目につくようになった。例えば、最近通い始めた病院では最初に問診表で、ジェンダーは何かと性自認（ジェンダーアイデンティティー）について聞かれるのだ。

これには私も驚いた。

自分はどこに当てはまるのか、どう表現したいのかという問診票の選択肢には、私も知らない言葉がいくつもあった。

「Agender」「Bigender」「Demiboy」「Demigirl」などである。ジェンダーの選択肢のリストの長いこと。これらの単語は検索して初めて理解できた。

Agender（アジェンダー）は、ジェンダーがない、もしくはジェンダーが欠けている人のことらしい。アジェンダーを自認する人は、自分たちのことをジェンダーレス、無ジェンダー、などということもある（それならば、エイジェンダーやノンバイナリーとあまり変わらないような気もする）。

Bigender（バイジェンダー）は、ジェンダーが二つある人のことのようだ。たいてい、バイジェンダーの人は自分は男でもあり女でもあると言う。でも、バイジェンダーは、マルチジェンダーやノンバイナリーやトランスであるかもしれないともいわれている。マルチジェンダー？　また新しい単語が出てきた。

新しい単語を発見するたびに悩む。マルチジェンダーもデミボーイもデミガールもわからない。でも、ちゃんと理解しなきゃいけない。私にはバイジェンダー、マルチジェンダー、エイジェンダー、ジェンダークィアとノンバイナリーの違いがわからない。アレックスが言う「だから定義が違うんだよ」という意味は、この違いを指しているのだろうか。聞き慣れない言葉に混乱する私。Male と Man とどう違うの？　また、誰に聞けばいいのかもわからない。

これだけではない。出生時に割り当てられた性別(Sex Assigned at birth)をセレクトした後は、今度は性的指向（Sexual Orientation）だ。

Asexual（無性愛者）
Bisexual（両性愛者）
Choose not to disclose（答えない／開示しない）
Don't Know（わからない）

Gay（主に男性の同性愛者）
Lesbian（女性の同性愛者）

……こんなことまで聞いてくるとは。病院だからといってここまで聞く必要があるのだろうか？　これらを見ていると興味深いことが見つかった。

「言いたくない」というカテゴリーがあること。

「わからない」というカテゴリーがあること。

さらに、「その他」というカテゴリーがあること。

この３つは全然違う。ノーコメントと言ってもよいし、自分でもわからないと言ってもよいのだ。そして「その他」もカテゴリーなのだ。この病院では前述した「シス」ではなく、今まで使われてきた「ストレート（straight）」という言葉を使っていた。ストレートというのは、異性のみを性愛の対象に選ぶ人のこと。男性が好きな私のような女性のことを指しているのである。

「理解できないこともあると認めてほしい」

もう一つカテゴリーに関することでいえば、新しく出てきた３つのカテゴリーはあってよいと思うのだが、カテゴライズすることによって問題になることもある。誰がどう解釈するのかということだ。

アメリカではノンバイナリーの人を「トランス」と定義する人もいれば、「クィア」と定義する人もいる。ノンバイナリーの当事者でもどちらを選ぶかは微妙だ。さらにアレックスは「どちらでもない」と言うので、ここでまた私は混乱してしまう。ポイントは表現する言葉がないうえに、選ぶべき言葉が微妙に曖昧であるために「私は自分を表すのにこの言葉を使う」と選んでも、その言葉の意味が社会に浸透していないために、解釈する人と当事者とのすれ違いが起きてしまうことも多い。

このことに関してもアレックスは「だから一人一人定義が違うんだよ」と言う。

「違うんだよ、母さん」

「そこなんだ、母さんの『理解したい』って言うのが引っかかるところは。理解したいと思ってくれるのはありがたいけど、必ずしも全部理解できないという事実もあることを認めてもらいたいんだ」

その定義が違うからこそ混乱を招いているのではないかと私は思う。でも、私はあえてこのことをアレックスには言わなかった。鶏が先か、卵が先か、と同じようなことかもしれないからだ。定義がたくさんあるから混乱するのか、混乱しているから定義がたくさん必要なのか。

もう一つ聞いた話がある。年々ジェンダーのカテゴリーが増えているらしい。最近聞いた話だが、２０２４年10月の段階で１０７の種類があると聞いた。さっそくその資料*を探したら、確かにある。聞いたことがないジェンダーがほとんどだ。

定義の話やジェンダーとは何かという話をする前に、アレックスは私と夫にはっきりとしたメッセージを伝えていた。

私の想いを聞いたから言っているわけではないとは思うが、「ありのままの自分を今まで愛してくれたのと同じようにこれからも愛し続けてほしい」と伝えてきたのだ。

もちろん私は、自分の子供が病気であろうと障害を持っていようと、男であろうと女であろうと、男でも女でもないと言われようと、何があっても愛し続ける。

これが今の私にできるすべてのことなのだ。

*Ian C. Langtree, "How Many Gender Identities Exist?" Updated 2024 List, October 4, 2024

第3章

ありのままのあなたが美しい

初めてのスカート、ほめるべき!?

ノンバイナリー・カミングアウトから二カ月たった2020年のクリスマス。「あと5分で着きます」と、アレックスのパートナーのセーラから連絡が入った。パンをオーブンから取り出すデヴィッドに「あと5分だって。今、セーラから連絡があったわ」と報告をする。「本当にいい匂いがするな。焼きたてのパンって」と鼻をパンに近づけて、夫は匂いを大きく吸い込んだ。その姿を見て微笑む私。やっぱりクリスマスはいいな。家族と一緒に過ごすこの時間が楽しい。

　今日のクリスマス音楽は、ジャズだ。パソコンから流れてくる、静かな雪景色を想像させるトランペットとピアノの音色が心地よい。

「何ニヤニヤしてんだよ」とデヴィッドが言った。

「ニヤニヤなんてしてないわよ」

「してるさ」と彼が笑った。

「ニヤニヤなんてしてないし」と私もつられて笑う。

「してる」

　いつまでも続きそうな「してる」「してない」のこんなやり取りが楽しい。その時、ピンポンとフロントベルが鳴って話は中断した。猫のバットマンが、寝室に向かって猛スピードで走って行った。人見知りをする猫なのだ。玄関のドアを開けて、私は「ハイ、ハニー」と言って、セーラにハグをする。

「メリークリスマスイブ！」と言うセーラ。その後ろにはアレックス。

「さむっ、早く入って」と彼女の背中を押しながら笑う息子。いや違う。子供。もうすでに間違えている私。声に出さなかったのはラッキーだった。

「ハイ、ベイビー」と私は首の後ろに手を回しながらハグ。

「招待してくれてありがとう」とアレックスが言った。「もちろんよ」と返す私は、アレックスが着ている洋服に初めて気がついた。革ジャンに紫色のスカート。スカートの下には、う〜

ん、これは何？　ジーンズ？

スカート？　ん？　スカートねぇ。

ドアを閉めながらセーラをハグするデヴィッドの後ろで「猫《バットマン》は？」とアレックスが独り言を言った。

スカートか。10月に会った時には「これからは女性の服を着るかもしれないから」って確かに言ってはいた。深く考えていなかったせいか、スカートをはいた姿を実際に目にするとやはりショックだ。一人で玄関に立ちすくんでいると、後ろからついてこない私にデヴィッドが気づいた。

「ん？　どうしたの？」

「うん？」

「ボーッとしてるけど、どうかした？」

「何でもない」と私は言い返したけれど、何でもないわけがないことを夫はわかっている。

「なぁ」と私の腕を摑んで、「どうしたんだ？」とデヴィッドは聞いてくるが、答えられない。

何と言えばいいのか。

スカート姿のあなたの息子、じゃなくて子供が目の前に現れたのに気づいてないの？

スカート姿を見てもなんとも思わないの？

これって私がおかしいの？

どうしてあなた、不思議に思わないの？

いろいろ言いたい。でも何も言いたくない。いや、言えない。

「なぁ」ともう一度デヴィッドが言った。

「後で」と私が言うと、私の目を見つめてきた。

「大丈夫か？」

「大丈夫」と私は嘘をついた。

アレックスにはスカート姿で受けたショックを見せたくないし、見られたくもなかった。私は自分のほっぺたを軽く叩きながらリビングルームへと向かった。


セーラとアレックスはクリスマスツリーの前でオーナメントを一つ一つ手に取って、お互い見せ合っている。笑う二人。愛が伝わる二人の姿が微笑ましい。

「あ～、これ覚えてる」とアレックスが言って、サンタのオーナメントを木の枝から外してセーラに見せた。

大きく微笑むアレックスを見て思う。

これからもスカートははくのだろう。

ドレスを着るかもしれない。

メイクをするかもしれないし。

アレックスの笑顔は本当に美しい。

セーラに「これは幼稚園の時に作ったオーナメントで、こっちは父さんと一緒に母さんに買ってきたもの」と一生懸命、オーナメントについて説明をしている。その姿を見ていると二人の間に愛が感じられる。彼女はスカートをはくアレックスを愛している。アレックスが私たちにノンバイナリーとカミングアウトする前から二人は付き合っている。彼女はアレックスのカミングアウトに対してどう思っているのだろうか。聞いてもよいのだろうか。それともNGなのか。自分の判断でどこまで踏み込んでよいのかがわからない。

「これ、いいね」とセーラが言った。彼女の手のひらにあるのは虹色の気球だ。

LGBTQ+のシンボルとしてロゴなどにも使われる虹。このデコレーションは、今年アレックスを思いながら意図的に買ったものだ。

「ありがとう」と私に言うアレックスの笑みに癒やされる。

クリスマスイブの食事は、アレックスが作ることになっていた。アレックスが自分の誕生日に作ったというフレンチオニオンスープの写真を見た時、「私にも作ってほしいな」と何度もリクエストしたのだ。セーラもアレックスも「本当に美味しかったよ」と言うので、「そんなに言うと、なおさら食べたくなるじゃない」と私は言って、笑いながらおねだりしたのだ。

作るのに時間がかかるらしいので、アレックスと二人で急いでスーパーに向かうことにした。セーラはルイジアナ州の実家にクリスマスイブの電話をかけるために留守番である。

デヴィッドは「スーパーは混むぞ。俺は行かない」と断言して残ることになった。革ジャンを手にしたアレックス。ハンドバッグを手にコートを探しに玄関まで行くと、「これが似合うよ」と白いウールのコートをコートラックから出して、「はい」と私に手渡した。

「ファッションセンスがいいわね。このコート大好きなの」と私は答えて、コートを受け取った。ファッションの話を口にした以上は、アレックスのスカートについて触れなければならないのか。いつもなら、アレックスの服装に関してコメントしない。「そのジーンズいいわね」とも言わないし、セーターやシャツに関するコメントもしない。ほめたのは、タキシードを着た時とかおしゃれなスーツを着た時だった。ここでスカートをほめたら嫌がるのだろうか。「いつもなら服装のこと、ほめないよね」と言われたらどうしよう。でも、ほめるべきなのか。このルールでさえわからない。そんなことを考えている間に、アレックスはドアを開けて外に出て行った。


クリスマスイブの料理の材料を買い忘れた人たちで、スーパーマーケットの駐車場は満車だった。駐車場の中をぐるぐる回りながら空きが出るのを待った。８年前に夫の実家で、急に二人でスーパーに行った時、やはり今日のように駐車場が満車だったことを思い出していた。私とアレックスは、カートもカゴも持たずにそのまま店内に入って行った。まず向かうのは、パン売り場。あれもいい、これもいいと手を伸ばすアレックスの後ろ姿を見て「振り向かなかったら男性だとはわからないかも」と私は思った。

アレックスがパンを選んでいる間に、私はチーズ売り場へと向かう。フラストレーションが顔に表れていないか心配で、アレックスから離れたのだ。私は感情がそのまま顔に出るタイプでポーカーフェイスはできない。どんなに頑張って隠しても、アレックスはそれを見抜くだろう。アレックスがパンを選び終わる前にこの表情をどうにかしなくてはいけない。〝チーズ選びに集中せよ〟と自分に言い聞かせて、フランス産のカマンベールチーズにするか、近くの農家が作ったカマンベールチーズにするか悩んでいたら、アレックスがパンを持って現れた。

両手にパンを持って「両方買おうよ」という我が子を見て、私は「そうね」と答える。

「このチーズ、どう思う？　両方買う？」と今度は私が聞いた。

「両方？　いいね、その考え。両方買ってよ」とにっこり笑うアレックス。私はばかにされた気がして、「何よ」と言い返したが、私の顔も自然と大きなスマイルになった。

「次は玉ねぎ」とアレックスが野菜売り場に向かった。「フレンチオニオンスープだから、大量に買わなきゃいけないんだよ」と言いながら、「これ持って」とパンを私に渡した。カゴがないので玉ねぎを両手と両腕に抱えながら「今度はスープの材料」とアレックスは言って、先に歩いて行く。後を追う私は、自分の感情の変化の激しさに気がついた。驚いて、悩んで、笑っての繰り返しで精神的にかなり疲れる。

今日、こんな気持ちになるなんて思っていなかった。急にスカート姿で現れたアレックス。それをなんとも思っていないかのように普通に振る舞っているセーラ。デヴィッドでさえ何も言わないのだ。

こんなに反応をするのは私だけ？　そうなの？

私ってもっとおおらかだと思っていた。アレックスはスカートの下にジーンズをはいている。この組み合わせはあまり似合っていない。お尻が大きく見えるからだ。セーラは何も言わないのだろうか。アレックスのスカート姿がこれから本当に普通になるのか。

「ママ！」とアレックスの声がした。

「ん？　うん。聞いてる」と答えたけれど、嘘をついていた私は、「ごめん、本当は聞いてなかった」と正直に言った。〝今日はいったいどうしたんだろう〟と思う。横を歩くアレックスの話が全く頭に入ってこない。

「え、何？」

「オウジュウってどこにあるの？」

「は？」

「聞いてんの？」と言うアレックスはイライラしている。

「聞いてるわよ」と言いつつ頭の中では、こっそり〝今度は〟とつけ足した。

「何、そのオウジュウって？」

「知らないの？」

「知らない」

「スープのルウみたいなもの」

「何語、それ？」

「フランス語」

「あ〜、わかったわ。あれね。あなたの発音が悪いから、わからなかったわ」と笑う私に向かって「おい！」とアレックスも笑った。

棚を見ながら「これじゃない」と簡単に見つけた私は、手を伸ばして取ったものをアレックスに見せる。私が持っている小さな袋には確かに「Au Jus」と書いてある。アレックスは、その品物と棚の場所を交互に見ながら「いや、絶対さっきそこは探したし」と言った。

「いいから、いいから」と私はまた笑い、アレックスの腕に私の腕を通して、「今度は何がいるの？」と言って一緒に歩き出した。アレックスの腕にあった玉ねぎが床に転げ落ちた。

「あ〜、ごめん」と転がっていく玉ねぎを私は追いかけた。アレックスは必死に床から玉ねぎをかき集めている。

その時に初めて私たちを見ている人に気づいた。玉ねぎを一つ一つアレックスに渡す自分、この滑稽《こっけい》なシーンを見ている人がいる！

スーパーに入っても、周りの人たちが私たちをどう見ているのか、いわゆる〝他人の目〟はちっとも気にしていなかった。

両手と両腕に玉ねぎを抱えたアレックスが、天井からぶら下がっている看板の文字を見て「どこだ〜」と言いながら歩く。アレックスの後を私は追った。すると、また私を見ているおばさんとふと目が合った。アレックスを見ているのか、私たちを見ているのかはわからなったが、目が合ったとたんにさっきまで気にしていなかったことが急に気になる。

おばさんの表情が険しく思えた。いや、そんなことはないか。私の考えすぎかな？

見知らぬおばさんと目が合ったことが、急に気になってしまい、そのことが悔しくて隠しきれない。その前にも私たちを見ていた人がいた。どうして気になかってしまったのか。何が気になるのか。すぐに答えを思いついた。

やっぱり私はアレックスのスカート姿を恥ずかしいと思っているのだ。

〝情けないわね、あんた〟と、自分で自分を叱る。この感情の揺れは辛かった。

「このへんにあるはず」と言うアレックスの声が聞こえてきて、スーパーにいることを思い出した。「あった〜」と言って、アレックスが上の棚から瓶を取った。「これなんだ、もう一つの秘密兵器は」と言うので、「秘密兵器?」と聞き返した。

「そう。フレンチオニオンのスープはこれで美味しくなるんだ」と、自信満々の素敵な笑顔。「母さんも買いなよ。これを料理に使うと美味しくなるんだ」ともう一つ取って私に渡した。渡されたものは「味の素」。〝持ってるわよ〟と言いたくなったが意図的に言わない。「ママは知らないだろう」と自分が発見した調味料と思っているアレックスがかわいい。

この子は母親の私が見てもハンサムだと思う。心の中で〝いい男に育てたわね〟と自画自賛しても口には出さない。その直後、「男とも言えないし思っちゃいけないんだった」という思いが湧き上がり、複雑な気持ちになった。アレックスから自分のことを息子だと思わないでほしいと、2カ月前にはっきりと言われたのを思い出したのだ。

先ほどの複雑な気持ちを隠しつつ、今度は「あんた、本当にハンサムね」とつい本音を言ってしまった。

「はぁ?」とアレックスが笑う。「どうしたの、急に」と聞いてきたので、「ん? しばらく会ってなかったから、あなたの顔をちょっと忘れちゃったのかも」と私が返すと、「知らんわ」とアレックスがデヴィッドの口癖をまねたので、二人で声を出して笑った。

差別と暴力――身の安全が心配

男の子として産んだ我が子が31歳になって女性装とメイクをし始めると言われた時に、真っ先に感じたのは、アレックスの身の安全のことだった。

アメリカは〝その他〟に対して、暴力が絶えない国。自己主張の国だ。みんなが自由に思っていることを言う。これがアメリカでの当たり前。例えば、アメリカでは隠れた差別ではなくて、堂々とした差別が普通にある。世界中がコロナで苦しんでいる時に、コロナは中国からの発信だと政治家が言うと、中国人、韓国人、モンゴル人や日本人などアジア人の区別ができないアメリカ人は、アジア人とアジア系アメリカ人に対して理由なく暴力をふるう事件を相次いで起こしたのだ。

その他にも、ターバンを巻いている男性はテロリストと決めつけ、中近東の国と文化の違いもわからないのに、その人たちに暴力をふるったり殺人を犯したりする。本当に酷《ひど》い話だ。同じアメリカ人として「恥ずかしい！」と「悔しい！」という気持ちが絶えない。

いつの間にか刷り込まれている〝普通〟という概念。アメリカではこの〝普通〟がいまだに白人男性至上主義をベースとしているのだ。黒人に対しても、女性に対しても、ＬＧＢＴＱ＋の人に対しても、白人男性ではない〝その他〟のカテゴリーに属するすべての人々に対しても差別は行われている。
ヒエラルキーのトップにいる白人男性の中には、その下にいる人たちに対しては何を言っても、何をしてもいいと思っている輩《やから》がいる。〝社会のリーダー的存在〟である自分たちが考える〝普通〟から少しでも外れている人たちに対して、差別行為をやり放題なのだ。これがアメリカの現実でもある。昔からそうだった。しかし、近年、ようやく〝その他〟のカテゴリーの人たちが「違うでしょう？」とか「やめてくれない？」と言えるようになってきたのだ。

髭をキープするというアレックス。身体も大きいし、声も低い。Tシャツとジーンズを着ているとハンサムな男性に見える。この顔と身体のアレックスが、スカートはくと確かに目立つ。アレックスは今、コンサルタントとして働いている。コロナ禍以降、リモートワークも多いけれど、ダウンタウンにあるオフィスに出勤する時は、スカート、ワンピースにもなる長いセーター、と自由なファッションで通っているようだ。もともとシアトルはLGBTQ＋に寛容な街だし、ダウンタウンを歩けばスカート姿の男性（に見える人）にもよく行き合うけれど（20人に一人はスカートをはいている、というくらい）、でもそういう話ではない。私はただひたすらこの子を守りたい。しっかりとした大人だけれど、私は自分の子供を守りたいのだ。表に出る時にはただただ安全であってほしいと願う。母親として何があっても子供を守るという執念は、国も文化も関係なく母親のDNAの一部であると私は信じている。

アレックスは別に私と夫に守ってもらいたいとは思っていないと思う。自分は大人なのだから、自分のことは自分で守る。でも、私はアレックスがどう思っていようと母親として子供のことを心配するのだ。自分の子供の身の安全を心配するのは親の義務の一つであると思っている。子供がどう変わろうと、何歳になろうと幸せであってほしい。毎日が楽しくあってほしい。

アレックスが４歳の時にボールを追いかけて道路に飛び出し車に轢《ひ》かれそうになったことがあった。私も必死にアレックスを追いかけて道路に飛び出した。危機一髪、クラクションを鳴らしたドライバーに怒鳴られた。私は泣いているアレックスを抱きかかえながら、落ち着かせるために私の呼吸に合わせて深呼吸をさせた。これが私の役目なのだ。でも、今の私にはこれができない。

スカートをはいて歩道を歩くアレックスを揶揄《やゆ》する人がいても、アレックスは大人であり身体も私より大きい。そして、自分のことは自分で守れると思っている。私は自分の中の母親としての役割を手放してしまったような気持ちになった。アレックスは別に私に守ってもらいたいわけではないのだ。

こういうふうに考えていることをアレックスに言っても何かが変わるわけではないだろう。いくつになっても私の子供ではあるが、私の子供はもう30代なのだ。自分で考え、自分で判断し、自分で実行する。「私、あなたのことが心配なの」と言ってもアレックスが落ち着くわけではないと思う。何かに気をつけるわけでもないだろう。これは私が一人で悩むべきことなのだ。

一度のみならず二度も私たちにカミングアウトしたアレックス。どれだけ勇気が必要だっただろう。髭を生やしたまま初めて女性のファッションで外出したときも勇気がいったのではないか。それとも、ドキドキ、ワクワクして、解放されるような気持ちがしただろうか。ありのままの、髭のスカート姿がいつ攻撃の対象になるかもしれない。それでもありのままの自分を世間に知ってもらいたいのだろう。これも信じられないほど勇気が必要なことだと思う。

「ジェンダー」と「パーツ」、そして「ハート」

ここで、アレックスの「性のあり方」について、少し整理しておきたい。

アレックスの法律上の性は「男性」。性自認（ジェンダーアイデンティティー）は「ノンバイナリー」。ファッションやヘアスタイルなどの性別表現(ジェンダーエクスプレッション)は、「かなり自由。女性装も男性装も楽しんでいる」。性的指向(セクシュアルオリエンテーション)は「バイセクシュアル」。現在のパートナーは女性。

アレックスのパートナーはセーラだ。

私はセーラは女性の「シスジェンダー」だと思い込んでいた。女性として生まれ、自分は女性だと思っている。こういう人をシスジェンダーと呼ぶ。通称「シス」。私もシスである。

セーラとアレックスが付き合いだして何年かたった頃、いつだったか「私、35歳になる前に結婚するつもりはありません」とセーラに言われたので「そうなのね」と私は答えた。待つことが大嫌いで大の苦手な私だが、そう言われてしまっては仕方がないので、「婚約したよ！」という連絡が来る日を待つことにした。というか、それしかできないからだ。「結婚しないの？」と聞くつもりもなければ「いつ結婚するの？」などと聞くこともできない。アレックスとセーラは二人とも大人なのだ。結婚は自分たちで決めることである。

アレックスが私たちにカミングアウトする数カ月前のこと。世界はコロナ禍でパニック状態になっていた。アメリカでも必要のない外出は禁止となっており、近くに住んでいる子供にすら会えない日々が続いていた。

ある日のこと。「ズームで話をしよう」と二人から連絡があったので、夫も含めて4人でパソコンを使ってズームでの会話が始まった。「元気〜？」から始まって、雑談に花が咲く私たち。そうしたら急に、「実は私たちから報告したいことがあって」とセーラが言うので、私と夫は二人で「何？」と返した。その直後、二人が声を合わせて「婚約した〜！」と言ったのだ。思ってもいなかった発表だった。

「ちょっと待った。あなたたち結婚は35歳まで待つんじゃなかったの？」と聞いたら、二人は向かい合って微笑んだ。

「別に35歳まで待つ必要もないなと最近になって思って」とアレックスが答えたので、私は「当たり前でしょう！」と言いたいところを我慢して、「そうなのね。嬉しい！　おめでとう！」と言った。

あまりに突然で驚いたけれど、本当に嬉しかった。セーラと一緒にいる時のアレックスは本当に落ち着いていて、二人とも笑いとキスが絶えない。とても素敵なカップルに見える。

結婚するんだって。よかった。嬉しい。セーラはスタイルから趣味から服装にいたるまで何もかも私にそっくりだ。違いは彼女がブロンドであることくらい。娘ができたような感じがした。真っ先に思いついたのは〝一緒にショッピングもできるし、一緒にネイルサロンに行ってネイルもできる！〟ということ。私は娘が欲しかった。アレックスの代わりではなく、アレックスが女の子だったらよかったというわけでもなく、私は昔からもう一人子供が欲しかった。そして欲しかったのは女の子。

しかし、この婚約発表の3カ月後にアレックスが二度目のカミングアウトをしたのだ。

客観的に考えてみるとセーラと付き合いだした頃のアレックスは男性だったと思う。それに女装も化粧もする気はなかったと思う。そんなことには興味もなかったはずだ。そのアレックスが、ある日、急に「自分はノンバイナリー」と彼女に言ったのか。急にそんなことを言われて彼女はどう思ったのか。アレックスへの愛は変わらないらしい。ならば、アレックスがノンバイナリーでなく、トランスだと言ったらどうなったのか。アレックスが自分の身体を男から女へと変えていくと言い出したら、セーラはなんと言うのだろうか。

これって私が考えすぎているだけなのか？　本当にあり得ないことなのか？

冷静に考えてみよう。

あり得ない？

あり得る？

私にはわからない。これはアレックスが自分で決めることなのだ。私の意見を聞いて決めることではない。ある日突然、「やっぱり自分はトランスだった」と言うかもしれない。

私が引っかかっているのはセーラの気持ちだ。

本当にアレックスへの気持ちは変わらないのか。アレックスがシスであろうとノンバイナリーであろうと彼女はなんとも思わないのか。どうやら変わらないらしい。変わらないらしいって、何に基づいて私は思っているのだろう。彼女に聞いたわけではないのに。別れていないから？　いまだに同棲しているから？　これは彼女に聞くしかないのかもしれない。

その前に。

私の心の中のこのモヤモヤは、いったいなんなのだ？　どうして落ち着かないのだろう。

正直に自分に問いかけてみる。

私は、セーラがあまりにも簡単にアレックスのノンバイナリーを受け入れていることに苛《いら》立《だ》っているのか。

それだけではないような気がする。

いや、もっと他にも何かあるはずだ。

これは後回しにしよう。今すぐ考える必要もない。


アレックスとセーラの世代は、ミレニアルズと呼ばれている。この世代の人たちは、自分のジェンダーに対して「私は本当に○○なのか」という自分が感じる「普通」を真剣に考え、本当の自分のジェンダーはなんなのかということを模索している。私の世代や私の親の世代では、必要に迫られた人以外では、そんなことを考えていた人は少なかっただろうと思う。

私は女の子として生まれ、女として育てられ、今でも女性として生きている。私はこれでいいと思っている。今まで、私は本当に男性だけが好きなのか、女性も好きなのか、両方とも好きなのか、そもそも自分のジェンダーは？　などという質問を自分に問いかけたことはない。小さい頃からいずれは男性と結婚する、と思っていたし、付き合ってきた相手もみんな男性。ジェンダーという言葉もコンセプトも最近になって知ったことなのだ。私は自分を女性だと思っているし、恋愛やセックスをしたい相手は男性だ。〝近頃の若者〟と比べると、私の周りにいる同年代のシスの友達は、自分のジェンダーや性的指向についてあまり考えたことはないと思う。でも、〝近頃の若者〟は、「考えずにいられるって、それってどうしてなの？」と聞いてくる。非常に困る質問である。「だって。そうなんだもの」としか私は答えられない。それでは若者たちには絶対通用しないとわかっているのだが。


ならば、自分で自分に聞いてみよう。

私のジェンダーは何？

私はなんなの？　女？　男？　ノンバイナリー？

私はファッションが好き。

なら、女ってこと？

私はショートヘアが好きだ。

それって、男っぽいっていうこと？

いや、違う。大胆なファッションやスタイルが好きなだけだ。

では、私は自分の身体が好き？

これは簡単に答えられる。

私は自分の身体が好き。

胸があってヒップがあって、ひっこむところはひっこんでいて、でっぱっているところはでっぱっている。私はこの身体が好き。この身体に「今日は何を着せようか」と考えるのが好き。

ファッションや化粧が好きだから自分を女だと思っているのではない。アレックスにジェンダーの定義を説明されてから私も勉強を続け、理解を深めようとしてきた。私なりのジェンダーの定義は、生まれてきた時の身体についているパーツとは関係がなく、社会や文化によって「女とは何か」とか「女らしさとは何か」とか「男とはこういうもの」と判断されているもの、もしくはイメージである。私の身体は女性の身体だと思っている。そして、肉体的にも精神的にも私は女性であることが好きだ。自分の中には「男っぽい」と思う要素はない。性格が〝強い〟とよく言われるが、強いから男らしいとも思わない。強い女性だってどこにでもいる。また、ショートヘアが男っぽいとも思わない。私はたまたまショートヘアが好きで、自分でもロングヘアよりも似合うと思っているだけだ。女でよかったと思う。生まれ変わるなら、また女として生まれたい。でも、そう思えない人がたくさんいることも、今の私は知っている。

先ほど、意図的に「パーツ」という言葉を使った。私があえてこの言葉を使った理由、ひとつのエピソードを紹介したい。

友達の子供が10歳の時に、「僕はパンセクシュアル」と母親にカミングアウトした。この子の父親は遠くに住んでおり、年に数回しか子供とは会わない。母親にカミングアウトした数カ月後、久しぶりに子供が父親と会うことになった時、彼女は、「パパにも伝えたほうがいいんじゃない」と子供に言ってみた。子供は父親にカミングアウトしたようだ。その後、母親が「パパはわかってくれたの?」と聞いてみたところ、とたんに子供は爆笑したのだという。そして、有名な評論家のように子供は母親に向かってこう言ったのだ。

「一、パパはパンセクシュアルって何のことか知らなかった。二、何度説明しても理解できなかった。三、あまりにもわかってもらえないのがバカらしくなって、『パパ、体についているパーツじゃなくて、僕は人間のハートに惹かれるんだ。だからパーツじゃなくてハーツ（ハートの複数形）なんだよ』って言ったらやっとわかったようだった」

笑顔で、堂々とそう話してくれた、と、友達からこの話を聞いた時、「それってすごくわかりやすい話だね」と私は彼女に言ったのだ。話を戻そう。

パートナーのジェンダーが変わるということ

アレックスがノンバイナリーだとカミングアウトした後、密《ひそ》かに自分に問いかけていたことが一つだけあった。

デヴィッドのジェンダーはなんなのか。

私の夫は、自分のジェンダーを考えたことがあるのか。聞いてみたこともない。もし、ある日夫から「俺はトランスなんだ」とか「俺はノンバイナリーなんだ」とカミングアウトされたら、私は何と言うのだろう。

夫の「女装」。夫の「メイク」。夫の「性別適合手術」。男として愛した人が急に女になる。

その日が来るとは思っていないが、そうなったら私はどうするのだろう。

　私の気持ちは変わるのだろうか。夫を女として愛せるのだろうか。大きな夫の身体が大きな女性の身体に変わったら、私はその身体を美しいと思うのだろうか。私は女性になった夫とセックスをしたがるのだろうか。そういえば、アレックスのカミングアウトの後、私はいろいろな本を読み、いろいろな人の話を聞き、必死になって勉強したがその中で初めて聞いた言葉があった。

　結婚してから相手がトランスだとカミングアウトした夫婦がいたとする。カミングアウトした人はその後も堂々と生きていくが、残されたもう一人は〝置いていかれた〟〝裏切られた〟と感じてしまい、その後の関係がうまくいかなくなるケースもあるらしい。これが私たち世代の夫婦の間で話題になっている。そしてパートナーにカミングアウトされてとり残されてしまった人を「トランス未亡人（Trans Widow）」というらしい（この言葉は決していい意味では使われない。〝お気の毒な人〟というニュアンスとともに、トランス当事者への非難を含んだ差別的言説に使われる言葉だ）。

　デヴィッドがカミングアウトしたらどう思うのだろうか。

　私の中でこの問題の答えはなかなか出てこない。そうではない、と確信しているからどこかまだ真剣に考えられていないのかもしれない。子供と夫とでは全然違うだろう。だから答えが出せないのかもしれない。

この問題にしっかりと考えて答えを出しているのはセーラだ。男として好きになった相手に「自分は男じゃない」とカミングアウトされ、ファッションやメイクが変化してもセーラはずっとそのパートナーでいるのだ。私の子供を愛してくれているのだ。これは結構すごいことだと思う。私はセーラを尊敬するし、感謝もしている。そして、私の子供のジェンダーへの気持ちをすんなりと受け入れられたのが羨《うらや》ましい。いや、羨ましいだけでなく、それができてしまう彼女に激しく嫉妬している。もっと正直に言えばちょっとだけ憎たらしいほどだ。これが、先ほど認めたくなかったことなのだ。

自分の夫がもしトランスだったら、ノンバイナリーだったら、という問いに答えが出せない。私は答えを出せないのに、セーラは「あなたのありのままが好き」と髭姿で女性の恰好《かっこう》をした私の子供と手をつないで堂々と歩く。こんなセーラがかっこいいと思うし、私もそうなりたい。どうしたらセーラのようになれるのだろう。

そして、なぜ夫がトランスだったらという質問に私は答えが出せないのだろう。

これって私がおかしいの？　性格の問題？　なぜ、セーラはアレックスをそんなにすんなりと受け入れられるの？

私は夫を愛していないっていうこと？　セーラからアレックスへの愛が正しくて、私から夫への愛は正しくないっていうこと？

それとも年齢の違い？　世代の違い？　私は自分で思っているより〝普通〟の概念から外

れた人を受け入れるキャパがないっていうこと？

「幸せ」という言葉も気にかかる。私は幸せ？　夫は幸せ？　アレックスは幸せ？　幸せって何？　幸せだと何もかもがうまくいくわけ？

私は真剣に悩んだ。本当に答えが出せない。

セーラに聞こう。思いきって聞いてみよう。

プライドとエゴを捨て「自分が変わる」しかない

そう決心したとはいえ、こんなデリケートな話題はランチタイムにいきなりできるものでもなかった。

アレックスのノンバイナリー・カミングアウトから数カ月がたっているが、今でも私は「そんなことを急に言われても……」と言いたい気持ちがある。もちろん、そんなことはアレックスには言えないし、言わないだろう。

けれど、アレックスからノンバイナリーの定義の曖昧さを初めて聞いた時から、自分がかなりの年寄りな気がしてならない。

もちろん、私が年を取ってきたのはそのとおりだし、若者たちが次々とリーダーシップをとってきているのも当たり前のことだ。それが正しい社会のあり方だとも思う。けれど、しっくりこのいのも認める。いつまでも白髪のおじさんたちが世界中のルールを決める時代は終わっている。彼らがそれを知っているかどうかは別の話。だからといって今の若者たちの言っていることや考えていることに全部同意しているわけではない。私には学ぼうという気持ちがあるし、実際に必死にＬＧＢＴＱ＋やノンバイナリーに関して勉強をしている。

ここ10年近くでＬＧＢＴＱ＋の子供を持つ親の数はとてつもなく増えている。それならば、すでに誰かがこのことを研究していて、親としてどう接すればよいのかを優しく教えてくれる人がいるはずだ。まずは探してみよう。そういう人はどこにいるのか。そして、そういう人たちが書いた資料や書籍を全部読んでみたいと思い、さっそく図書館に向かった。

ＬＧＢＴＱ＋の当事者に関する情報はたくさんあるものの、当事者を支える周りの人たちや家族や友達や同僚の視点から描かれているものは少なかった。まだ、書籍にはなっていないのかもしれないけれど。

ＬＧＢＴＱ＋の当事者の親たちが会を作って、情報を拡散しているグループがあるのをネットで見つけることができた。ただ、ノンバイナリーの子供を持つ親の会は、ＬＧＢＴＱ＋の子供を持つ親の会に比べてまだまだ少ないようだ。これはＬＧＢＴＱ＋の定義ははっきりしているが、ノンバイナリーの定義がわかりづらいので親もそのぶん苦労しているというのがその理由だと思う。

ノンバイナリーの人が書いた自分たちの生活、生き方、選択肢などを説明している本や記事もあることはあるのだが、読んでも正直よくわからない。基本的な話としては、英語で使う代名詞を、男女を明確にするものから、男か女かわからないようにごすような言葉を意識して使ってもらいたいと書いてある。

代名詞も調べてみるとどんどん新しいものが見つかった。ネット上には「まじ、これ？」と思うようなものもある。「中学生が絵文字を代名詞にしている場合は、すべて受け入れましょう」という記事もあれば、「ジェンダーが二つしかないなんて嘘です」ということを声高に強調している記事もある。探せば探すほどいろいろな記事が出てきて、どれを信じていいのかわからない。

自分で学ぼうという気持ちを大事にしながら必死に勉強を続けたが、実際、本音を言ってしまうと、いくらネットサーフしても、書籍を読んでみても何かが欠けている。単純に、「わかった！」と言えないのだ。

ノンバイナリーもＬＧＢＴＱ＋もジェンダーも定義は一つではない、と、ここまではわかった。そして、定義が一つではないということが、定義されているということもわかる。

しかし、同じ言葉に対して定義がいくつもあると混乱してしまうのも事実だ。私が混乱していても、日々定義は変わっていって、若者はどんどんジェンダーとセックスに独自性を加えていく。ここで年寄りの私が言いたいのは、この理解しきれない社会状況についていくか、ついていかないか、ということを選ばないといけないということだ。選ばないとどうなるのか。社会はどんどん変化しているし、文化も変わってきている。日本の文化もアメリカの文化も目の回るような速さで変わってきている。

今までの〝普通〟がもう通用しないのだ。

私の世代と上の世代を批判する若者の声は多い。文化も社会も変わりつつあると認識する反面、このあからさまな批判は気になるところでもある。また、〝批判されている〟という事実が、さらに自分を感情的にしているということも認めることにした。自分の感情が理解するのを邪魔しているのなら、初めから出直そう。

何冊本を読んでもしっくりこないのなら、私が変わるしかないと感じた。

また図書館に行って、今度は司書の方にお願いして検索のやり方を変えてみた。以前は「ノンバイナリーとは何か」など自分の知らない知識を検索していた。しかし、今回は「子供がＬＧＢＴＱ＋」とか「ＬＧＢＴＱ＋の友人」とか「夫がゲイだったら」など、さらに具体的な検索方法に変更した。すると今まで見つからなかった、知らなかった多くの情報が見つかり、徹底的に読んで学ぶことができた。

今回の図書館でのリサーチは、前回と違い定義と理解に集中するのではなく、当事者の親など新しい視点から調べることを中心にしてみた。

私の疑問に答えてくれる人はいないか、とネットでノンバイナリー当事者のグループにコンタクトしたりもしたが、ケムたがられたり怒られてばかりでうまくいかないことも多かった。

6つのグループから追い出された後、ふと気づいた。

自分のエゴを捨ててみたらどうなるのだろう、と。

〝聞く耳を持て〟と自分に言い聞かせながら、新しく見つけた情報をどうやったら自分の人生に生かせるのかを考えた。

今まで〝わからないから〟と諦めたり、〝そんなこと言われても〟と思考停止になりそうになっていたことを、どうしたら自分の中に取り込めるのかと考えることにした。

プライドの高い私には、これが非常に難しいことだった。


今までの私は「わからない！」や「わからないのが悔しい！」という気持ちが前に出てしまい、そこから先に進むことができなかった。しかし自分のエゴを捨てようと考え、それを実践できたことがとても大きな前進になった。いつまでもわからないから嫌だとか、わからないからしっくりこないと思っていたのは、すべて相手のせいにしていたのだということに気がついた。

私は悪くないと思っていたのでは、いつまでたっても前に進まない。何もかもプラスに考えようとは思わないが、このように考えられるようになるまでにはかなり苦労をした。

これまでの私は「わからない」にのめり込みすぎていた。その考え方をやめようと決めたのだ。

　アレックスから「ノンバイナリー」とカミングアウトされた秋の日から数カ月。いつの間にか、年が明けていた。ハッピーニューイヤー、私。

私は「アライ」になる！　なれる？　本当に？

　新年になって、私は一歩前に踏み出した。私はアライになると決めたのである。図書館で借りた本やインターネットで見つけた情報にはアライの重要性が強調されていた。アライのことはなんとなく理解していたつもりだったが、ある日レズビアンの友達に「アライになりたい」と話したらこう言われた。

「アライは、単にＬＧＢＴＱ＋の味方であると思っている人がいるけど、この味方というのをもう少し深く考えてもらいたいのよ。敵がいるから味方であるということは必要な存在なの。あなたが自分のことをアライだと思っていても、それがどう行動につながるかが問題なのよ。覚悟している？　エイミー、これは戦いなのよ。味方である以上、一緒に戦ってくれるのよね？」

　戦いと言われてショックだった。

　ＬＧＢＴＱ＋の当事者でない私は、人権を認めてもらえるように戦わなければいけないなどと思ったことは一度もない。女性だから差別される、日本にいて外国人だから差別されるということはあったとしても、自分の中では戦いだとは思っていなかった。慣れている。嫌だけど慣れてしまっているのだ。恥ずかしいけれど、自分に関する人権問題でさえ戦ってこなかった私が、果たして「アライ」として戦うことなどできるのだろうか。

彼女に「アライとは一緒に戦う味方である」と言われて、改めて自分の行動を変えるしかないと決めた。

今まで、女性であるがゆえのセクハラやパワハラはごく身近にあった。どの国にもある話だ。でも、これからはこの問題に関しても、黙っていない。これは勇気がいることだ。誰に対する差別でも戦う勇気を持つと決めた。人権問題は世界的にとてつもなく大きな問題なのである。どのような差別であろうと、「私には関係ない」という考え方はもう通用しないのだ。

ここで思いきり大きな問題にぶつかった。

2021年から本格的に勉強を始めたのだが、時間をうまく使いたいと考えた私は、車の運転中はポッドキャストで知識を得ることにした。学べるチャンスをできるだけたくさん作りたかったのだ。特に、当事者の発信するポッドキャストは大変に勉強になった。その中で嫌な経験や嫌な思い出も、すべて表に出すというポッドキャストに出会ったのだ。

それは、四度もワールドカップに出場した元プロサッカー選手でオリンピアンでもあるアビー・ワンバックさんのポッドキャストだった。彼女は白人のアメリカ人。そしてレズビアンを公言している。アビーさんの奥さんのグレノン・ドイルさんも一緒にポッドキャストに出演している。グレノンさんは以前男性と結婚していた。アビーさんに出会ってから、「やはり私は前から男の人とのセックスが好きじゃなかった。それを自分で認めなかっただけ」と考え、二人は結婚した。今は、アメリカのLGBTQ+のパワーカップルでもある。

この二人のポッドキャスト*にある日、ヤバ・ブレーさんというゲストが招待された。ブレー博士はアメリカに連れてこられた黒人の歴史を研究している、人種問題や人種差別の専門家であり、アメリカ国内でコンサルティングをしている有名な人だ。

この日、ブレー博士は、アビーさんとグレノンさんに、アライの話をしていた。博士は、白人が黒人のアライになるとはどういうことかを話していたのだが、急に、こんなことを言い出した。

「私は、アライって言葉が好きじゃないの。みんな深く考えていないような感じがして。アライってもっと大胆なことなのよ。私にはアライは必要ない。私が必要とするのは、共犯者」

その発言を聞いたアビーさんとグレノンさんが唖然としていると、「それはそうでしょう。

＊Dr. Yaba Blay, Abby Wambach, Glennon Doyle, "The Power of Rethinking Everything with Dr. Yaba Blay", We Can Do Hard Things, Episode 79, March 17, 2022

簡単になれるものではないのよ、本当のアライって。共犯者って言ったのは、当事者と一緒になって、もっと大きくてダイナミックな行動を共にできる人のこと。別に法律に反する行動を一緒にしましょうと言っているのではなく、当事者に寄り添って、もっとレベルの高い、もっと真剣に行動する人がアライなんだと思う、と、あなたたちにもこう言ってもらいたいの」と言った。

ブレー博士の発言を聞いた私は本格的に落ち込んだ。自分の子供を支えていくのに必要な覚悟。その深さを考えていなかったのだ。極端な表現かもしれないけれど、ブレー博士の気持ちは十分伝わってきた。友達が「これは戦いなの」と言った意味もこの日、初めて理解できたと感じた。もちろんそこまでの覚悟がなくても応援する人は誰でもアライと呼ばれていることは知っている。でも、ブレー博士の求めるようなアライになるには覚悟がいる。

本当にそんなアライになるの、私は？　なれるの？　私はどこまで覚悟をしているの？

この話を聞く前の私は、アライになるには、今まで以上にエネルギーを使う努力をしないといけないとは思っていたけれど、「私にはできない」とは思わなかった。初めて厳しさを感じるとともに単純に怖くもなった。

差別行為を堂々としている人に、「それって違います」と言うのは勇気がいる。複雑で、誰もが感情的になりがちなこの問題では、行動にリスクが伴う。でも、動いて、動きながら知識を得るのだ。自分の子供の人権になるとムキになるのが母親なのだ。今までは理解できないと一人で愚痴っていた。しかし、愚痴っていても何も解決しない。行動が必要なのだ。

本当に子供を愛しているからこそ、自分は表に出て行って行動する。私は、ＬＧＢＴＱ＋の当事者とノンバイナリーの当事者の味方になるために自分がアライになると宣言したのだ。隠れていないで、積極的に前に出て行く。これはアメリカでは結構大変なことだ。

アメリカでは今でも、ＬＧＢＴＱ＋の当事者を否定したり、いじめたり、差別したりすることは宗教上も問題ないと言っている人が大勢いる。そこで堂々と「私の子供はバイセクシュアルです」とか「私の子供はトランスです」と言うのはとても勇気がいることなのにもかかわらず、自分が差別されたりすることを顧《かえり》みず、自分のことをアライと公言している親も大勢いる。決して自分の立場や子供の立場を軽く考えているわけではない。

自分の日記に書いた言葉がある。

「アレックスのアライになるのなら自分のアライにもなる」

これから難題に取りかかるのだ。大きな問題にぶち当たっていくのだ。痛いだろう。嫌がられるだろう。時には怖い目に遭うかもしれない。しかし、子供や、いや私も含めてマイノリティーと思われる人を守るのは、人間としての義務なのではないだろうか。

「それなら私があなたのママになるわ」

私は、自分でも大胆だと思う行動をとり始めた。

親に捨てられたＬＧＢＴＱ＋やノンバイナリーの若者たちを支えることにしたのだ。アレックスへの愛も応援する気持ちも変わらないならば、今度は親からの支えのない若者たちに「いつでも連絡して」と公的な場で自分の名前を出し、若者たちをサポートしよう。ある事例を知ったことをきっかけに、私は考え方を大きく変えたのである。

レズビアンの女性二人が結婚することになった。しかし、双方の両親たちは娘二人の結婚式をボイコットすることにしたらしい。

親から見捨てられ、結婚式に誰も来ない、とネットに書き込んだそのカップルに、ある女性が「なら私が代わりのママになってあげるわ。結婚式にママとして行くから」と自費で参加したと知った。しかも彼女だけでなく、彼女の友達も「それなら私も一緒に行くわ」と言って、見知らぬママ代行が結婚式に参加したのだ。

「あなたの結婚式にママになって行く」と最初に手を挙げたのはサラ・カニングハムさん。彼女は自分の息子のカミングアウトの際に大きな失敗をして息子に嫌な思いをさせてしまったことを後悔し、反省して、そこから「ママハグ」*という団体を立ち上げ、アライとして活動することにしたという素晴らしい人だ。

この事例が私を大きく奮い立たせた。彼女たちの行動に感動して、私もこういった活動に参加することにしたのだ。

すると、インターネットで「ママベア」[†]というコミュニティーを見つけた。

主に両親から絶縁されたＬＧＢＴＱ＋やノンバイナリーの当事者が、「今日、嫌なことがあったので、誰かと話をしたい」とか「恋人と婚約したの！　両親には言えないけど誰かに言いたくて」など日常のさまざまなことや、今の自分にとって何が必要かなどを、自由にフィルターなしで話し合える場に私も参加することにしたのだ。

自由に話してもいいけれどルールはある。物が欲しいとか、お金をくださいなどとは言ってはいけないことになっている。そして、そのルールはしっかりと守られていた。

本当なら自分の親に言いたいことを他のママたちに言えるし、ママたちも自由に若者たちと会話をしている。支えているのだ。応援しているのだ。慰めているのだ。コメントしているママたちも誰がどこに住んでいるのかも全くわからない。コメントするかしないかもすべて自由。

一方で、コメントする側のＬＧＢＴＱ＋やノンバイナリーの若者たちも、ここにいるママたち

＊Free Mom Hugs　http://freemomhugs.org

†Serendipitydodah - Home of the Mama Bears | Mama Bears

から励まされたからといって、自分たちの問題が解決するとは思っていない。ここで重要なのは、自分の性自認や性的指向を本当の親に話したら追い出されてしまった若者たちを支えているアライという人たちがいる、ということである。

たまたま昨晩、そのグループのメッセージを読んでいたら、「今日、ママの家に行ったら『あなたには二度と会いたくない。もうここには来ないで。あなたの子供にも会いたくない。あなたは私の恥』という手紙があった」と書いてあった。

自分の子供がレズビアンであることがたまらなく嫌だった母親が、急に娘を追い出す決心をしたらしく、この女性はかなりのショックを受けていた。「どうしたらいいの。私の3歳の娘に、バアバにはもう会えないってどう説明したらいいの。誰か話を聞いてくれる人はいませんか？」というコメントを見つけたので「いつでも連絡していいからね」と書き込んだ。私の前にも私の後にも同じようなメッセージを書いているママたちがいて、数えると20人もの見知らぬ女性たちが、この女性を応援しようとしていた。こういう時に少しでもＬＧＢＴＱ＋やノンバイナリーの若者の悩みを聞いてあげること、これもアライの役目の一つなのだ。

アライとは味方のことだ。アレックスが私と夫に見捨てられる心配がないと感じてくれているのならば、私はアレックスのように自分のことを思えない当事者の若者たちを支えたいと思った。サラ・カニングハムさんの行動に感動して〝私にできること〟を見つけたのだ。

前夜、「連絡してもいいわよ」とコメントした女性から実際にメッセージが来るとは思っていなかった。私の他にも大勢のママたちが同じことを言っていたからだ。連絡が来たら話を聞いてあげる。来なかったら、もちろんそれでもいい。

そうしたらすぐに連絡が来た。時間は午後6時半だった。しばらく話をしていたら、「実はこれから赤ちゃんが生まれるの」と言うので、「あら、よかったじゃない。おめでとう」と言ったら、「ありがとう。でもそういう意味じゃないの。これからって、今からっていうこと」と言ったのだ。〝えっ？　嘘でしょう〟と思いながら、恐る恐る話を聞いてみた。

「今って、あなた、今？　本当に？　今晩生まれるってこと？　陣痛はもう始まったの？」と聞いてみたら、「そう」と言うので、私もさすがにワオとなってしまった。妊婦の娘を追い出す母親も酷い。最悪だと思う。私はこの若い女性をどう支えればよいのだろうかと考えた。「これから助産師さんが来るの」と言うので、助けが来るのはわかった。そこで思いきって、「なら、生まれるまで一緒に電話で付き合ってあげる」と言った。

正直な話、自分は何をしているのだろうと思った。お産に何時間かかるのかもわからない。会ったこともない、会うこともないであろう26歳の女性の出産。これから助産師さんは来るものの、彼女は一人で苦しむのだ。

「ベイビーのパパは？」と聞いたら「いない」と言うし、「彼女はいるの？」と聞いても「いない」と言う。ではなぜ妊娠したのだろうかなど疑問に思ったが、これ以上プライベートなことは聞かないことにした。本当に今晩こそ「ママ」にいてほしかったのだろうと思う。だんだんと強くなる陣痛。「痛い、痛い」と叫ぶので、大きく呼吸をするようにと言って必死に落ち着かせようとする私。赤ちゃんが生まれたのは、それから9時間後のことだった。結局、彼女と助産師さんが頑張って、私が電話で応援するという形になった。こんな赤ちゃんの産み方って、あってよいのだろうか。でも、これが彼女の現実なのだ。

アライになると宣言したのも、今から思えば深く考えずに言ってしまったところもあるかもしれない。でも、アライになると決めた以上は本気でアライになる。私にできることはすべてする。これも私の使命の一つだと思うようになった。

この女性に幸せになってもらいたい。生まれてきた女の子にも幸せになってもらいたい。

幸せね。幸せってなんだろう。

私は幸せなのか。毎日満足して生きていけること。愛する家族、友達が周りにいること。体はガタガタでも、数年以内に死ぬわけでもないこと。楽しく生きていけること。こう考えると私は幸せだと自信を持って言える。必ずしも「幸せ」全部が当てはまるわけではないが、私は自分が幸せだと思う。そして、私の幸せは、私が自分で探し出して作り上げたものだと思う。しかし、いくら頑張ってもうまくいかない時もある。でも、そこで諦めて「私にはできない」と言うのではなく、意地を張ってでも「必ずできる」と思う気持ちも大切だと思う。

アレックスの幸せも自分で作り上げたものだ。私の幸せも自分で切り開いた。これからも自分の幸せをもっと開拓していきたいし、自分をもっと前進させることによって幸運がついてくるはずだ。そう思いたい。いや、そう思うことにしよう。

激化するヘイト・クライムへの恐怖

ジェンダーに関する話題も、LGBTQ+やノンバイナリーに関する話題も、これからはもっと社会に広がっていくと思う。なぜなら、一度「もう無視しないで」と社会に訴え出てきた存在に対して「そんな人なんて見えない」は、もう通用しない。普通に周りにいるのだ。そして堂々と生きている。だからこそ、若い妊婦の娘を家から追い出した母親は許せない。

どんどん多様性が広まり、「普通」の定義がどんどん変わっていくのは良いことだと私は考えている。多様性に慣れていない人は私よりも苦労するであろうと思う。なぜなら、もう年上の意見を聞いて行動する、という時代ではないからだ。

男性が仕事をして女性が家事と子育てをする。男の子は強く、女の子は優しく美しくあるべきだという固定観念を持ち続けたいならそれでもいい。でも、今の時代、「考え方はこれ一つ」と主張し断言するのは無理だと思う。そういう考え方は古いだけではなく、現実とかけ離れているからだ。そして、今の世の中は、そのような考え方が通用しない社会になってしまっているのだ。

ジェンダーはいろいろあって普通。家族編成だっていろいろあって普通。男らしさや女らしさから自由になって生きている、いろいろな人がいる方が面白いという考え方がもっと浸透していくといい。簡単にできることではなくても、これからの社会に対応していくためにはその柔軟性が必要なのではないだろうか。

「今は生まれた時に自分の身体が『男』と医者に判断されても、自分のことを男と思わなければ『違います』と言って生きてもいい時代なんだ」と、アレックスは言う。

昔は生まれた時に割り当てられた性で、その性に合うような生き方や振る舞い方しか許されなかったが、今は違う。

性別は染色体や生物学に基づいていたと思っていたけど、アレックスは「これもまた違うんだな」とか「今までの医学がすべて正しいとは、もう思っていないよ」と言うのだ。染色体の問題でもない。子宮がないから女ではないと決めつけたり、ペニスがないから男ではないと決めつけたりすることはタブーらしい。ほぉ。

いや、そのとおりか。今までだって、病気や事故などの事情で子宮や乳房、ペニスがなくなったからといってその人の性別まで変更されるわけではなかった。いや、そういうことではなく、アレックスが何を言いたいのかわかってきた。

これからますます医者や研究者になっていくノンバイナリー当事者も増えていくだろう。そうなると、考え方や定義、研究の対象などが変わってくるのではないか。

新しい「普通」とは何かと考えていく中で、もう一つ気になるテーマがある。

既存のレッテルを貼られたくない若者は、今までの世界の「普通」に対してどう対応するのかということだ。何もかもが「あれ」か「これ」かに分けられてきた世の中。これを覆そうとしているのが〝近頃の若者〟なのだが、これを実際にどうやって実現させようとしているのかはわからない。どこかである課題が現れると、それを追いかけて「普通」を変える。それを知らないと、知らない私がいけないと怒られる。欧米ではこう。でもアジアではこう。違いを探せばたくさん出てくる。私がノンバイナリーの定義の広さに引っかかっているのは、ここにも理由があるのかもしれない。

今の社会にはいろいろなカテゴリーがある。

男と女。子供と大人。社会人と学生。日本人と外国人……。

分けようと思えば分け方はいくらでもある。

そして、ノンバイナリーの子供の母親として気になるのは、男とはこうあるべき、女とはこうあるべきという前時代的な固定観念を持っている人たちが、アレックスが現れたらどう反応するのだろうか、ということだ。

日本でＬＧＢＴＱ＋の当事者に対する暴力が問題になっているのかどうかは私にはわからないが、アメリカではＬＧＢＴＱ＋やノンバイナリーの人への暴力があまりにも酷いので、かなり大きな社会問題になっている。

顔は男っぽいけれど女装していて胸もある。髭があるけれどメイクをしている人もいる。男装しているけれどこの人は女性だよね、と思うような人もいる。今までの〝普通〟と違うことが、アメリカではどうして暴力につながるのか。

特に目立つ犯罪の対象者は、トランスの女性だ。もっとはっきり言うと、白人以外のトランス女性がアメリカでは暴力の対象になっている。

これは私の推測だが〝普通〟の男性なら、ペニスがあって当たり前だと思っていて、それは大切な身体の一部だと思っているはずだ。このように考えている男性の中の一部の人たちは、自分の身体を大胆に変えてまでジェンダーを変えたいという人間がいることが信じられない。そして、その勇気が怖いのではないか。そして、トランスの女性が白人でないとなおさら、暴力をふるうことに躊躇がないのだろう。ここにもアメリカ人の人種差別が現れている。

ラテン系アメリカ人、ブラウンやブラックと呼ばれる黒人やインド系アメリカ人、ネイティブアメリカンと呼ばれる先住民族やアジア系アメリカ人は、白人ではないというだけで昔から差別の対象となってきた。

トランス女性の存在が気にくわない白人男性は、自分たちと違う人たちを攻撃するのだ。

ＬＧＢＴＱ＋やノンバイナリーの当事者に対しての暴力やハラスメントは、日常的に行われていて、かなりの人たちが経験していることなのだ。

顔と身体だけを見るとアレックスは〝男性〟。スカートをはくと、スカートをはいている男性にしか見えない。私はアレックスも暴力やハラスメントを受けるのではないかと思うと心配で眠れない。でも、アレックスは大人だ。私の意見を聞きたいとは言っていない。私に守ってもらいたいと言っているわけでもない。私が母親として勝手に心配しているだけなのだ。

何度も言うけれど、私がどうしてアレックスのジェンダーや性的指向に対してここまで理解しようとしているかというと、母親として子供を想う心があるからだ。アレックスのことをしっかり理解さえできていれば、私はもう少し心配をしなくなるだろうと考えている。でも、なかなかそう簡単にはいかない。だからもっともっと理解しようとしているのだ。

新しい学校に転校生として初めて登校する日に「友達はできるかな」とか「いじめられるのではないか」と心配する親と同じで、子供は何歳になっても親を悩ませる。こう考えると、今の私の悩みは変でもおかしくもないということだろう。私が悩んでいるから解決される問題でもないのだ。そう考えることによって、また少し気持ちが楽になった。

——ＬＧＢＴＱ＋やノンバイナリーの当事者に対しての暴力やハラスメントは、日常的に行われていて、かなりの人たちが経験している。米国連邦捜査局（ＦＢＩ）は毎年、国内でどのような犯罪が起きたか統計データを公開している。２０２４年9月に発表されたデータ*によると、２０２３年のＬＧＢＴＱ＋やノンバイナリーの当事者に対しての暴力やハラスメントは、２０４２件。前年に比べて、５４７件多い。２０２２年は１９４７件。その中で、トランスの人への犯罪が４０１件、そしてジェンダーがわからない人への犯罪は１４６件。ＦＢＩによると、人種にかかわるヘイト犯罪が51・１％と一番多い。宗教に関する犯罪で、3番目に多いのが性的マイノリティーの当事者に対しての犯罪だ。

家族だからこそ難しいカミングアウト

「私たち婚約したの」と二人から告げられたのが２０２０年の夏のことだ。

そして婚約発表から数カ月後の10月に、アレックスは2度目のカミングアウトをした。

「結婚するっていう話だけど、あなたのカミングアウトで何か変わることはあるの？」と私はアレックスに聞いた。

「別に」とアレックスは答えた。

「カミングアウトする前から普通の結婚式にしようとは思っていなかったし」と言うので、「普通の結婚式にしないって、どういう意味？」と私は聞いた。

「指輪の交換はなし。ウェディングドレスもスーツもタキシードもなし。名字も変えないし。

結婚式というよりは大きなパーティーみたいなものかな。これはセーラと話し合っていたこと」と言う。

ほぉ。そうなんだ。指輪はいらないんだ。ま、二人でそうしたいのなら、そうすればいいと思う。

パーティーをするのは２０２２年の7月と決めた二人。その前に、友人の立会いで宣誓するとアレックスとセーラは言った。

「知ってる？　今は、あるインターネットのサイトに登録すれば、誰でも結婚式で『この二人は結婚したという事実を保証します』と法的に認められるようになったの。私も友達の結婚式で立会人をしたのよ。今は神父とか牧師とか裁判官のような法的権限を持っている人だけではなくて、誰でもその役割ができるようになったのよ」と、ある日セーラが言った。

「私が式を仕切った友達の一人が、私たちの結婚式を仕切ってくれるの」

ほぉ。そうなんだ。

二人は婚約を発表してから約1年後に大きなパーティーをすると決めたので、すぐに式を挙げる必要もなかったらしい。数カ月後、「ねぇ、あなたたち正式に結婚したの？」と二人に聞いたら「まだ」とアレックスが答えた。

＊FBI's Crime Data Explorer, "2023 Crime in the Nation Statistics," September 23, 2024

「え？　友達がやってくれるとかって言ったわよね」と聞いたら、「彼女は忙しくて」とセーラが言った。

〝変なの〟と思いながら放っておくことにした。

理解しようとする気持ちは変わらない。しかし、理解できなくても子供を支え、応援するのだ。そして、子供を愛する気持ちはどんなことがあっても変わらない。

私はアレックス個人のカミングアウトについてや、ノンバイナリーとして生きていくという話を、その当時、まだ誰にも話していなかった。私が話すことではないと思っていたからだ。自分の子供を決してアウティング（本人の許可なしに秘密を漏《も》らすこと）しない。するつもりもないし、してはいけないことだと思う。そんなことはわかっているのだけれど、これから結婚パーティーを迎えるにあたって、親戚や友達に何か発表をしなくてもよいのだろうか。突然、結婚パーティーに来た人がアレックスの衣装やメイクを見て、「あれ、何着ているの？　どうしたの？」などと戸惑ってしまうような気がする。そんな混乱は避けたい。これは私が決めることではないけれど、私は自分の親にアレックスのこの事実を隠したくない。

この板挟みの状況は、相当に居心地が悪い。

「あなたからおじいちゃんとおばあちゃんに話してくれないかな」と、結婚式を半年後に控えたある日、私はアレックスにお願いすることにした。

「これって、私から言うことじゃないし、私は自分の両親に対して隠していたって思われるのが気になるの」と私は言った。

「そっかぁ。そうだよな。わかった。それなら今度、話をするよ」とアレックスは答えた。

今思えば、アレックスに酷いことをしてしまった。カミングアウトを強要するなんて……。


その1カ月後、アレックスに「おじいちゃんとおばあちゃんに話をした？」と聞くと、「いや、まだ」と答えた。

「そろそろおじいちゃんたちに言ってくれないかな。私、自分の親にあなたのことをこうやって隠していたっていう気持ち、本当に好きじゃないの。あなたのカミングアウトするタイミングを私がコントロールするっていうのは良くないのはわかる。わかるけれど……」と私が言うと、「わかった、言うよ」とアレックスは答えた。

こういう会話は好きじゃない。自分の子供にこんなお願いをしなくてはいけないのも嫌だ。でも結婚式が間近に迫っている以上、仕方がないと思う。それから数週間たって、アレックスから電話がかかってきた。

「おじいちゃんとおばあちゃんにカミングアウトしなきゃいけないってことはわかっているんだけれど、どういう言い方をすればいいのかわからないんだよ。ごめん。母さんから言ってくれない？」

私は密かにこうなるのではないかと思っていた。

「それって、本当は私が言うべきことじゃないのよ」と答えた。

「わかってる。だからお願いしているんだよ。自分からは言いづらいんだ。それが本音なんだよ。なんとか母さんから言ってくれない？」

「わかったわ。わかった」

そう答えたものの、本音は「さあ、どうする」の一言だ。あなたたちの孫が、男でも女でもない、でも男でもあり女でもあるということを打ち明けた。自分のジェンダーは、今まで男だと思われていたがそれは嫌だと言っている。これから自分はノンバイナリーという生き方をするつもりだ。代名詞は変える。女装をするかもしれないし、メイクをするかもしれない——今までのアレックスとは全然違う人が目の前に現れてくる。大丈夫だろうか。

まず初めに私の母に説明した。母は思っていたよりすんなりと受け止めてくれた。そして、「理解できるとは言えないけれど、代名詞に関しては頑張ってみるわ。でも、間違ったらごめんね」と言ってくれた。結局、父には私から説明するのではなく、母から説明してもらうことにした。その後、聞いてみたところ「やっぱりパパにはわからないみたいよ。特に代名詞については『いまさらそんなこと言われても』って言ってたから、パパは無理だと考えた方がいいと思うわ」と正直に答えてくれた。

「ママ、ありがとう。それは重要な情報だわ」

事前にアレックスと話をした時に、私の弟への説明も私にしてほしいと言うので、仕方なく弟に連絡を取った。弟も私も父親の頑固な性格を受け継いでいるようで、弟からは、「アレックスのことは愛しているよ、甥っ子だもの。でも、甥っ子に英語の使い方の説教はされたくないな」と、これまた鋭い答えが返ってきた。さすがにこの弟の話はアレックスにはできないと思った。アレックスが私たちにカミングアウトした時も、このような反応をされるのではないかと心配だったのだと思う。そう考えると、確かに少し可哀そうにも思えてきた。

次に私の両親や弟とアレックスが会うのは結婚式である。彼らはどんな反応をするのだろう。ジェンダーに関する話は確かに難しい。特に定義が次々と変わるというような話は私でさえついていけないのに、私の両親の年代の人にこれを理解させたい、というのは無理なことなのかもしれないという気もする。私は再び母に聞いてみることにした。

「パパはいくら頑張っても、アレックスの代名詞を変えるのは無理だと思うの」と母が言った。私は「だよね」と答えるが、これもアレックスには言えないことだ。いや、言えるかもしれないけれど、アレックスは傷つくと思う。家族なのに頑張ってくれないのは、嫌な気持ちになるだろうから。

「今のアレックス世代の人の行動力とスピード感はものすごいと思うの。今まで社会の中で認められなかった人だからね。マイノリティーっていうのかしら。アレックスたちは私たちが理解できなくても、ありのままの自分を認めてほしいのよね。それはわかるの。でも、代名詞について、パパはついていけないと思うの。それと、パパが理解できないＬＧＢＴＱ＋の一つはトランスジェンダーの人についてなの。パパは生まれてきた時の身体と性別が一致していないって言われてもわからないの。女性とは何か、男性とは何か、という話になるとパパは黙ってしまうのよ。それは許してあげて。個人的にアレックスが嫌だとか嫌いだとかではないのよ。これは年齢とパパの育てられた環境の問題だから」

「でもね、ママ、そうしたらパパはこの話についていけないけれど、ママはついていけるっていうことなの？　これって世代の話ではなくて、個人差の話になるの？」

「いいえ、一般的に世代の話だと思うわよ。私は頑張る意欲があるだけ。パパほど頑固じゃないし」

こう答えた母へ、感謝の気持ちを伝えた。そして、同時に母たちの本音がアレックスに伝わったらどうなるかも心配した。私の母の感覚は鋭いし、父について言うことも正しいと思う。だが、これをアレックスが知ったらやはり傷つくのではないか。

確かに父の頑固さは、子供の頃から喧嘩《けんか》をしてきた私にはよくわかる。アレックスもわかっているはずだ。母が言うには、アレックスの世代が「普通」をひっくり返して新しい言葉や定義、コンセプトなどを切り開いているが、母たちの世代は、その必要がないと思っているらしい。

一般的には年を取ると考え方の柔軟性も衰えてくるといわれている。自分でよほど頑張らない限り、若者は若者、年寄りは年寄りでいいという考え方になりがちだ。これが母の言う年寄りの本音なのかもしれない。

いつの時代でも年上の世代は、年下の世代に対して〝最近の若者は……〟と愚痴ってきたようだ。私の祖父母が私の叔母たちのことを愚痴っていたのを思い出す。私たちの下の世代は、私たちが今まで思っていた「普通」の感覚を変えることが使命なのかもしれない。

自分にこう言い聞かせると、「このアイデアいいね。こういう考え方好き」と思えてきた。確かにアレックス世代やZ世代の若者の考え方、意図的に普通を覆そうというのは、劇的であり大胆だと思う。でもそれが最近の若者の使命ならば、今起きている社会現象は必然ではないのか。本当に難しい話だがこれでよいのだと思う。これまで「普通」を押しつけられ続けてきたお年寄り、特に男性にとっては難しいだろう。

でも、私にはできる。思いきり難しい話だが私にはできる。

そう思ったら急に気持ちが楽になった。今まで悩んでいたのが嘘のように、急に肩の荷が下りたような気がした。以前に比べると、アレックスのジェンダーに関して冷静に話せるようになった気がする。少し成長できたのだろうか。

結婚式の衣装が決まらない!?

「あなたの結婚式の衣装のお金は私たちが出すからね」とアレックスには言ってあった。ある日、「これ、どうかな？」とアレックスが送ってきた写真は、インドのパーティーや結婚式などで男性が着るクータ（クルタ）・パジャマというものだった。パジャマといっても寝巻きではない。上着が膝の下までくるドレスみたいなもので、下は普通のズボン。シルクの生地で作られているらしい。そしてアレックスが選んだクータ・パジャマの色はピンクだ。

あれこれ探していたようだったから、どう回答すればよいのか悩んだ。ピンクを着たいのならばピンクを着ればいい。でも、西洋では過去に白人が行った植民地化への謝罪の意味もかねて、白人が植民地化した国の伝統的な衣装は着ないという「新しい基本」があるのだ。アレックスはイギリス国王がインドを支配していた時代の衣装を自分の結婚式に着ると言っている。

さすがにこれはまずい。絶対に誰かが何か言うはずだ。ピンク云々《うんぬん》と言っている場合ではない。

「どう思う？」とアレックスが再び聞いた。私は正直に答えることにした。

「衣装そのものはきれいだと思うわ。でもね、絶対に誰かが『これは文化の盗用だ』って言うわよ。それを考えるとまずいんじゃない？」

「そっか。セーラも同じようなことを言うんだよな」と、ここで私はアレックスの話を遮《さえぎ》って話を続けた。

「いや、まずいと思う。本当に。あなたはそもそも『文化の盗用』をするような無自覚さを思いっきり嫌う人でしょう。結婚式に来る人は、そんなあなたしか知らない。そのあなたがこんな衣装を着るなんて、って思われて、みんなを混乱させるようなことは意図的に避けるべきだわ」と言った。これは年代とか世代の問題ではない。これは私が母親だからでもなく、女性だからでもなく、アレックスの結婚式のことを冷静に考えているということを信じてもらいたかった。

アレックスは冷静に考えていなかった。また、自分の行動が冷静でないということを認めないと思う。冷静になれない理由の一つは、ノンバイナリーとして一般的な結婚式に男性が着る洋服を着たくないというこだわりからなのだろう。タキシードも、スーツも嫌らしい。でも、〝ノンバイナリーが着る結婚式の衣装〟というカテゴリーは、ファッション業界にまだない。どこにも売っていないし、誰もそこまでのデザインはしていない。愛するセーラと〝これから一生……〟とみんなの前で宣誓し、お祝いするおめでたい日のはずなのに、ここまで衣装で悩むとは確かに少し可哀そうな気もする。

電話の向こうでアレックスは黙り込んでいた。私もこれ以上言わないことにした。しばらくして「わかったよ。もうちょっと考える」と言ってきた。私は静かに深呼吸をした。

数週間後、また連絡があり「見つけた！」と、文字を読むだけでもアレックスの嬉しさが感じ取れるようなメッセージがきた。「リンクを張るから見て」と送られてきたそこには、女性のモデルがボリュームのある白いロングストールを胸と背中に大きなバッテンを描くように巻きつけた写真があった。もう一つのリンクには紫色のズボン。この組み合わせは悪くない。私がゴーサインを出すようなことではないが、意見を聞かれている以上、コメントはするべきだろう。

「いいんじゃない、これ。あなたらしいと思うわ」

「だよね！　好きなんだよ、この衣装」。顔は見えないが、アレックスが大きく微笑んでいるのがわかった。

「あとはインパクトのあるアクセサリーがあると完璧なんだけど」と言うアレックス。それを聞いて私はつい笑ってしまった。

「何がおかしいんだよ」と、ふてくされているかのようにアレックスは聞いてきた。

「ごめん、ごめん」と私は笑いながら謝った。

「あなたも変わったなと思って」

「え？　どういう意味？」

「あなたが高校生の時、新学期になると新しいスニーカーを買ってあげたのを覚えている？」

「また、その話？」
「だって、おかしいんだもの」

アメリカでは地域ごとに中学校と高校の制度が違う。中学が3年間で高校が3年間のところもあれば、中学は2年間で高校が4年間のところもあるが、アレックスが通っていた学校は高校が4年制度だった。だから4年間同じ高校に通ったのだが、その当時、アレックスはファッションに全く興味がない男の子で、靴は1年間同じでも構わないという高校生だった。ファッションが大好きな私には理解できない〝誰が生んだの、この子〟と思わせるような時期だった。新しい靴を買ってあげるといつも口にしていた私は、アレックスの「そんなのいらない」という発言が全く理解できなかった。

大学1年生の時に社交ダンスのレッスンを受け始めたアレックスが、ある日電話をかけてきて、社交ダンスに必要な靴を、私のクレジットカードを使って買ってよいかと聞いてきた。自分の子供がファッションに興味を持ち始めたと解釈した私は大賛成。「ついでに数足買いなよ」と勧めたのだ。その数週間後に届いたクレジットカードの請求書を見てショック。社交ダンスの靴とはこんなに値段が高いものだったのか。それを数足買ってよいと私は言ってしまったのだ。まぁ、高校時代は4年間で4足しか靴を買ってあげなかったのだから、「仕方がないか」と思うようにした。それよりも、アレックスがファッションについて前向きになったのが嬉しくて、夫の前ではしゃいだのを覚えている。

「私はファッションに興味があるあなたにまだ慣れていないだけ。だって、アクセサリーを欲しいなんて今まで一度も言ったことがないじゃない」と、結婚式の衣装の話を続けた。「とにかく買ってもいいんだね」と言うので、昔のファッションセンスの話はもうしたくないのだとわかり、それがまたかわいらしくもあって、「もちろんいいわよ」と　私は答えた。

　今月のクレジットカードの請求書はどうなるのだろう。私は思わず微笑んだ。これが私の息子なのだ。違う、違う。子供だ。

　これが私の子供。何が何でも愛している。

第４章 何がなんでも愛してる

フェイスブックでカミングアウト

アレックスとセーラの結婚式は２０２２年7月、シアトル郊外にある島のワイナリーで行うことになった。

「その前にみんなに正式に発表するよ」と前々から言っていたアレックスは、6月の初めになってフェイスブックにカミングアウトの文章を載せた。長文の中から一部抜粋する。

前から皆に言おうと思っていたことがあるので、6月、プライドマンス（Pride Month）

を機に発表する。

自分はノンバイナリー。代名詞は、they/them、名前は変えるつもりはない。

——ここで質問を受けるね。カメラのフラッシュ、記者会見のざわつきが聞こえると想像して……
★え？　ノンバイナリーって何？
——自分は男でも女でもないっていう意味。ジェンダーの「あれ」と「これ」以外のもの。これから徐々に女性っぽくなっていく予定。長いスカートやメイクとか。髭は剃《そ》らない。君たちには慣れてもらうしかない。
★あなたが近くにいない時でも、あなたが希望する代名詞を使わなきゃいけないの？
——そうしてくれると嬉しい。
★君が間違ってると思うけれど、その話を君にしてもいい？
——いや、良くない。

ひとまずはそんな感じかな。ありがとうね、みんな。


とてもアレックスらしい文章だったと思う。プライドマンスとは、ＬＧＢＴＱ＋やマイノリティーの人権やカルチャー、コミュニティーへの支持を表明する月間のこと。世界中でさまざまなイベントやパレードが行われる。そんな〝祝福の月〟に堂々と宣言したアレックス。それを私は自分のフェイスブックのページを利用して拡散した。なんとなくこれで一件落着したようだ。しかし、セーラの家族はどう思っているのだろう。セーラの家族はどこまで知っているのだろう。

私たちはセーラの家族に会っていなかったので、日曜日からシアトル入りするセーラのお母さんやおばあさん、姉妹たちと食事会をすることになっていた。セーラとお母さんが火曜日の午前中に一緒にネイルサロンに行くというので、その後、アレックスと私が合流することになっていた。メキシコ料理の美味しいカフェがあるらしいので、そこを予約してもらった。

「一緒にネイルに行こうよ」と、アレックスから私にデートのリクエストが来た。息子として育てた子供とネイルサロンでマニキュアとペディキュアをする。そうか、これが私の「新しい普通」なんだ。

アレックスが生まれてからは、娘が欲しいと思い、何年か頑張ったが、結局子供はアレックス一人だけだった。今まで息子と思っていたアレックスと一緒にネイルサロンに行く日が来るとは思ってもいなかった。正直自分でも嬉しいのかどうかはわからない。まだ慣れていない証拠かな。

アレックスのネイル。これがまた面白い。私の爪は残念ながらちっともかわいくない。真四角の爪を頑張って伸ばして、先っぽを丸めてやっとなんとなく「これ、いいかも」というような爪になる。アレックスは生まれつき指が長くて爪の形も感動するくらい美しい。昔からなぜ息子が素晴らしく美しい爪を持っていて、女性の私がごっつい四角い爪を持っているのかが、親しい友人たちの間では笑い話になっていたけれども、最近、アレックスがマニキュアを塗るようになってからはこの不公平さに苛立つ反面、面白いとも思うようになった。

「あなたのこの指」と子供の手をとって感動する私に対して、「確かに母さんのこの爪は可哀そうだな」と笑いながら言うアレックスにつられて私も周りの人も爆笑した。ばかにされているのかもしれないけれども、子供の爪と私の爪を比較すると、子供の爪の形の方が断然に素晴らしい。これも事実だから仕方がない。そして、これからは一緒にネイルサロンに行き、一緒に色を選び、お互いどういうデザインがいいかなどを話し合う新しい楽しみができた。娘ができなかった反面、今まで息子と思っていた子供と一緒にネイルサロンに行けるようになったのは確かに私にとって嬉しい話なのだ。こう考えよう。こう考えるとアレックスのノンバイナリーのステータスも生き方も、悩まなくてもいいような感じがしてきた。すべては考え方次第、ということなのかな。

ここで思ってもみなかったハプニングが発生した。

結婚式が迫る中、セーラのお姉さんがコロナに感染してしまい、出席できないというショッキングなニュースが入ってきたのだ。お姉さんがコロナに感染した前日には、セーラのお母さんと妹さんもこのお姉さんの家に遊びに行っていたので、もしかしたらお母さんも妹さんもコロナに感染しているのではないかという心配で、セーラは完璧に落ち込んでしまった。このセーラの落ち込みぶりに慣れていないアレックスから電話がかかってきた。

「こういう時はどうすればいいの？」と聞いてくるので「なんとかしてあげるわ。任せて」と言いそうになったが、そこは堪《こら》えてアレックスの話を聞くことにした。

10分間号泣し続け。そんなセーラを見たことがないと言うアレックス。どう慰《なぐさ》めるべきなのか、わからないと言う。私は最後までアレックスの話を聞いてから言った。

「結婚式の準備って結構なストレスがかかるものなのよ。今になってセーラもそれを感じているのだと思う。そのうえ、コロナにかかった家族のことが心配なのはわかるよね。こんな時は、言葉で慰めても解決できないと思うの。だからあなたにできることは、彼女を大きくハグして、クリスマスには彼女の家族と一緒に過ごすって約束することよ。お母さんと妹さんのことは、コロナが陽性と診断された時に考えるしかないわよ。今、考えても仕方がないと思う。そして、とにかくできるだけ彼女のストレスを和らげることね。だから、外食した方がいいのならそうするし、買い物もあなたがする。料理も掃除もあなたがして彼女の重荷を取り去ってあげることが大事なの。あなたならできるわ」

世の中には自分でコントロールできることとできないことがある。

これは当たり前の話だ。生きていく中で何もかもが思いどおりにいくわけではない。アレックスは自分のジェンダーについて思いっきり考えて、思いっきり悩んで、思いっきり苦労してやっとカミングアウトした。自分の子供にカミングアウトされるとは思ってもいなかった私は、これにどう反応するか、どう対応するか、この先、この事実と一緒にどう生きていくかを学んできた。簡単なことではない。でも重要な人生のレッスンだと思う。

私の体験してきたこととなんとなく似ているのが、このハプニングだった。セーラには何もできない。パーティーをキャンセルするわけにもいかない。日程を変更するわけにもいかない。お母さんと妹さんが来られないのならそれを受け入れるしかないのだ。お姉さんが来られないという事実も認め、残念だけれど前に進んでいくしかない。自分で変えられることと変えられないことがあるのは、生きていれば普通にあることなのだ。自分で変えられることは変えて、変えられないことはそれなりに対応する。多かれ少なかれ誰もが学ぶであろう人生のレッスンなのだ。セーラの気持ちが全面的にわかるとは言わないが、悔しくて、悲しくて、とても心配な気持ちなのは、想像できる。

パーティーは目前。セーラもアレックスもストレスを抱えている。そんな中で思ってもいない事実が判明した。二人はまだ式を挙げていないそうだ。

え？　それなら、なんでこのパーティーをするの？　夫も私も大混乱。パーティーに遠くから来てくれるみんながこの二人はもう結婚していると思っている。なぜなら、招待状に二人がそう書いたからだ。

「事前に式を挙げてその後、皆様をご招待し、結婚披露のパーティーで祝ってもらいたいのです」と招待状には書いてあった。式がまだなら、二人は参加するみんなに嘘をついていることになる。少なくとも、中にはそう思う人もいるだろう。さあ、どうする。

「前から頼んでいた女性じゃなくてもいいんじゃない？　市役所に行ってくれば？」と私は提案した。

「彼女にやってもらいたいの」とセーラが頑張る。

「なら、なぜもっと早くできなかったの？」と聞いた。嫌みとして言ったのではない。単純に理由がわからなかったのだ。

「彼女、忙しくて」とセーラが答えた。

この話を後で夫とした時に、私も彼も、〝1年間もなんでそんなに忙しいの、その人〟と感じていたことがわかった。しっくりこない。でも、すでにアレックスとセーラのウェディングパーティーの数日前から、親戚や友人、長年会っていなかった人たちが集まってきていた。アレックスのゴッドファーザー、夫の姉家族と妹、私の両親、私の従妹と叔母、二人の大学時代の友人たち、そして、セーラの家族。セーラのお母さんと妹さんは無事に来られることになり、みんなひと安心した。

島のブティックホテルを貸し切って行われるウェディングパーティー当日は素晴らしい晴天。暑いほど太陽の日差しが強い。シアトルでは珍しいくらい暑い7月の夏日となった。

アレックスとセーラが着ている衣装は、結婚式の主役たちというよりちょっとしたパーティーの衣装のようだ。それが嫌だとか変だとかとは思っていない。この二人らしいと思う。そして次々と現れるアレックスとセーラの友達たち。これもまたユニークな若者たちであった。じろじろとは見ないようにしているのだけれど、外見だけでは男性か女性かわからない人が多い。今日は、自分の発言や言い方には気をつけた方がいいわよ、アミア。感じたことが表情にも出やすい点も。中にはノンバイナリーの人たちもいると思うし、男にも見えない、女にも見えない、でも男にも見えるし、女にも見えるような人たちに「どちらですか？」などと聞いてはいけない。ならば心の中で思ってもいけないのだろうか。さすがにいろいろ考えさせられる近頃の若者たち。何も話さなくても、年上の世代や年寄りの世代に衝撃を与えている。

こういう若者たちを見ていると、日本の若者たちがどうなっているのかが知りたくなる。日本のノンバイナリーの人たちの結婚式はどんなものなのだろう。日本の近頃の若者たちは、ジェンダーに対してどう思っているのだろう。これも知りたい。

生きているって楽しい。面白い。生まれてきてよかったと思う。子供のカミングアウト以来、こう思ったのは久しぶりのような気がした。

親同士の本当の共感がパワーになる

大勢の人たちに囲まれて祝福されているアレックスとセーラ。私の周りには、プライベートな話だけれどと言って、「アレックスのカミングアウトって勇気がいることだよね」とか「あなた、本当に大丈夫なの？」と聞いてくる親戚や友人が集まっていた。

そんな時に、私はある若い女性から声をかけられた。

「両親にはまだ言っていないんだけれど、あなたには言えると思って」と話しかけられたので「なあに？」と私は答えた。「私、バイセクシュアルなの」と言って、21歳だというその女性は大きく微笑んだ。いや、私が彼女を女性だと思っているだけで、彼女はノンバイナリーなのかもしれない。ワオ。これからはそう考える必要があるんだ。

そんなことを考えながら、早く返事をしないといけないと思い、「あら、そうなんだ。よかったじゃない」と私は言った。

「うん、本当によかったわ。自分に正直になってからは、なんか気持ちがスッキリして」と、本当に幸せそうに話す。

「どうしてご両親には話していないの？」と思いきって聞いてみた。

「自分でもよくわからないの。やっぱり怒られるとか嫌われるのが怖いのかな」

これは彼女の本音だと思う。親が子供を愛するのは当たり前だと私は思う。そして、子供も親に愛されたいのだ。必ずしもそうではないこともあるだろう。果たしてこの人の親はどういう反応をするのか。そう考えると21歳のこの人の気持ちもわからないわけではなかった。カミングアウトしてうまくいくとは断言できないのだ。

たまたまなのか縁なのか、この人の両親と私の従妹が話をしていた。従妹によると、彼女の両親は私のことを〝偉い〟と言いながら、こんな話をしたそうだ。

「アミアって本当に偉いわね」とその母親が言った。

「え？　どうして？」と私の従妹が聞いた。

「アレックスのあの衣装、面白いと思って」と母親は言ったようだが、それと〝偉い〟とがどう結びつくのか従妹にはわからなかった。

「さっき二人で話していたんだよ」と、今度は彼女の父親が言った。そして母親が笑う。

「うちの娘がウェディングドレス以外のものを着て結婚式をしたら、私たちどうしようかと思って」。そこで彼女の両親は大爆笑。それを聞いて私の従妹は鋭いことを言ったようだ。

「エイミーは別に自分のことを偉いとは思っていないと思うわ。アレックスが自分の結婚式に何を着るかは、アレックスが決めることでしょう。両親だからといって、アミアもデヴィッドも口出しをする権利はないと思うな」

彼女の両親は二人とも無言になってしまった。そして、しばらくして、「冗談だろ」と父親は言い、母親は「本当にそう思っているの？　アレックスがタキシードを着てないのにアミアは残念だと思わないの？」と言ったのだ。

「たぶんそんなこと思ってないよ。アレックスとセーラの結婚式パーティーだし」と言った直後に、従妹はセーラの母親から声をかけられ「ちょっと失礼」と言ってその場を立ち去ったそうだ。


友達の中にもカミングアウトした子供を持つ親がいる。その一人がケリーだ。５人の息子のうちの一人からゲイであるとカミングアウトされた彼女は、自分もＬＧＢＴＱ＋の知識を身につけないといけないと感じ、思いきり勉強をしたらしい。そして、息子がカミングアウトしたことを、ケリーは親友の二人に報告することにした。すると、二人はそれ以降ケリーに連絡をしてこなくなってしまったのだ。

「この事実は息子に言わないことにしたの。自分のせいで私が親友の二人から切り離されたっていう罪悪感を持たせたくなくて。でも、彼はきっと気づいていると思うわ。可哀そうに」

親友に捨てられたケリーは、自分の悲しみよりも子供の気持ちを優先している。本当に優しいなと思うと同時に、残念でならない。

前章で少し触れたけれど、私が数カ月かけて唯一見つけたネット上のノンバイナリーの親の会。ここでも子供と親の関係が複雑になってしまうケースがいくつも見つかった。

「私は子供を認める気持ちが満々なんだけれども、夫が『絶対にだめだ』と言うのです。どうすればよいですか」という質問に、親の会のメンバーはこの夫の態度を必死に否定するのだが、彼女にとってみれば否定されても解決できる問題ではないのである。

「旦那さんの気持ちはあなた一人では変えられないでしょう。旦那さんはいつか理解してくれるかもしれないし、ずっと今のままの気持ちかもしれません。重要なのは、あなたご自身がお子さんを守り、お子さんが家にいて安全であるという環境を作ることではないでしょうか」という指摘をしてきた人もいた。

「13歳の子供がノンバイナリーであるとカミングアウトしてから登校拒否をしています。学校側もゲイとトランスとレズビアンのカミングアウトは経験しているらしいのですが、ノンバイナリーの生徒は初めてでどう対処してよいのかわからないと言っています。どうすれば子供が学校に行きたいと思うようになりますか。小児科に連れて行けばよいのでしょうか。私にはどうしたらよいのかわかりません。私もストレス発散したいのですが、心の中がごちゃごちゃで」

他のお母さんたちはひたすらこのお母さんを慰め、「カウンセラーに話すべき」というアドバイスを返していた。

「私の子供も同じような経験をしているので、プライベートに話をしたければ、連絡して」と言うママもいた。共感する大切さと「本当にあなたの気持ちがわかる」と言える経験をした人だけが持つ、慰めと癒やしのパワーがそこにはあった。

カミングアウトした子供の味方になろうとしている親が、お互いに支え合う。これは私も必要だと認識している。親戚であろうと友達であろうと、愛する我が子を認めてくれない人がいるということは事実なのだ。勇気のいる行動をとっている親はたくさんいるし、きっと私もその一人だと思われているのかもしれない。

私も誰かに話したい時がある。だからこそ、このネット上の親の会が私にとって必要なのだ。子供のパーティーをきっかけにより強く実感した。この気持ちを忘れずに、そして我が子がどのような子供であっても、いつか世界中に認められて、社会に受け入れられる日が来ると信じて動いていく。これが私にできることなのだ。

「恥ずかしい」と思うのは私の問題

今日はアレックスとランチだ。

「時々会おうよ」と言ってくれるのが嬉しい。ちょうど渡したいものがあったので、さっそくアレックスのアパートへと向かった。

アレックスとセーラが暮らすエリアは、シアトルの中でも意識してLGBTQ＋の人たちを受け入れる街づくりをしているエリア。横断歩道がレインボーカラーだったりするので、歩いていて楽しくなる。アパートのドアを開けるとアレックスは長くて赤いセーターとグリーンのスカートをはいている。私はチラッとスカートを見た。見られたかな。スカートを見たことに、アレックスが気づいたかが急に気になる。

私は自分に〝もう慣れたでしょ〟と頭の中で言うのだが、本音を言えば全然慣れていない。

アレックスの足の爪は金色。手のネイルはフレンチ。さすがに素敵な手のネイル。

「そのペディキュア、結婚式のまま？」と私が聞くと、

「そう。ちっとも欠けないし、変に長くも伸びていないし」とアレックスは答えた。

「そのサロン、紹介してよ」と言ってはみたものの、本当に私は子供と一緒にネイルサロンに行こうとしているのか。

ウェディングパーティーの数日前、セーラは彼女のお母さんとおばあさん、妹の4人でネイルサロンに行ったらしい。アレックスも私を誘って、「初めてだね。母さんと一緒にネイルをやるの」と言ったのだが、私はすでに結婚式用のネイルデザインを済ませていたので、「ごめんね、先にやっちゃったわ」と爪を見せたのを思い出す。一緒にネイルをやろうと最初に言い出したのはアレックスだ。これは嬉しいはずなのに、なぜ私は恥ずかしいと思ったのだろう。

「そのうち連れて行ってよ、あなたのサロン」と今度は私が言った。

「そうだね、いいところだよ。今度行こう」とアレックスは返してきた。

私が「連れて行って」と言った以上、必ず一緒に行く。アレックスお気に入りのメキシカンのカフェに向かって歩く私たち二人。私は周りの目を気にしている。アレックスは堂々と歩いている。

恥ずかしいのはいつか薄れていくだろう。思いきって一緒に外を歩き、誰になんと言われようとも、どう思われようとも、どんなふうに見られようとも、私が産んだ子供は私の大切な家族なのだ。そのことを周りの人にももっと知ってもらいたい。

やっとこれが言えるようになった。それなのに、アレックスと会う前には必ず〝今日は何を着ているのだろうか〟と考えてしまうし、スカートをはいていれば、すぐに目がいってしまうのはなぜだろう。心のどこかでまだ納得していないところがあるのかもしれない。それを乗り越えるのが、私のこれからの使命なのだ。自分の子供の行動、服装、行為に、恥ずかしいと思ったり戸惑うことがあったとしても、愛がある以上、私は逃げない。

私って考えすぎ？

愛。愛があればいいのか？

愛さえあればこの恥ずかしさを解消していけるのか？

簡単かどうかはわからないけれど、大きな力の一つであることは確かだと思う。そして、母親が子供に対して愛があるのは当たり前のことだと思える私は幸せだ。私は本当にこの子が好き。反抗期の時も、嘘をついた時も、憎たらしかったこともあるけれど、それで愛を失うようなことはなかった。

その子供が女性の恰好をしているからといって、子供への気持ちが変わるわけがない。そんな子供を恥ずかしいと思うのなら、それは自分で解決しなくてはいけないことなのだ。アレックスに「スカートをはかないで」なんて言わないし、言おうとも思わない。

こんなことを考えながら、一緒に歩いてカフェへと向かう。

アレックスとセーラがいつも行っているカフェなので、スタッフは皆、顔見知りばかりだ。すぐにテーブルに案内された。

アレックスはモヒート、私はノンアルコールモヒートを注文して会話が始まった。

「パーティーで会ったあなたとセーラの友達、アンナとヘレナに話がしたいんだけど、どう思う？」と私は聞いた。

「話って、どんな話？」とアレックスが返す。

アンナは女性。ヘレナも女性。

このカップルは、以前はアンナとブルースだった。ブルースは男性から女性になり、名前もブルースからヘレナになった。私はヘレナになる前のブルースを知らない。

「最近考えていることでね。例えばデヴィッドがある日『本当は女性で、女性として生きていきたい』って言ったら、私はどう反応するのだろうって思っていて、その答えがなかなか出ないのよ。もう30年以上も一緒にいるのだから、彼が彼女になると言っても気持ちが変わるとは思わないけれど、私、女性とセックスをすることに全く興味がないのよね。この話をアンナとヘレナに聞いてみたくて。付き合いだした時は異性関係だったけど、途中から同性関係になるって結構シビアなことだと思うのよね」

「それはまずいと思うよ」とアレックスは言った。

「やっぱり？」

「うん」

「セーラに聞いてみるのはどう思う？」

「彼女ならいいんじゃないかな」と、合意を得たところでアレックスが「でも、なんで知りたいの？」と、聞いてきた。

「あなたにはいろいろと聞いてきたけれど、あなたはカミングアウトした側だよね。カップルって二人のことだから、もう一人いるわけよね。あなたにはセーラ。ヘレナにはアンナ。一人がカミングアウトした時にそのカップルの関係ってどう変わるのかな、と思って」

「そうかな。何か変わるのかな」と、アレックスは言う。

「変わるわよ。セーラがあなたのことを好きになった時、あなたは男性だったんだよね。それが途中から変わるのは彼女にとってはとても大きな変化だと思うわ」

「母さん、そこまで深く考えなくてもいいんじゃない？」

「え？　どういう意味？」

「カミングアウトしてから、母さんが必死に学ぼうとしてくれているのは嬉しいんだけれど、最近母さんと話す話題はほとんどこの話ばかりだよ。もっと違うことを話そうよ」

はぁ？

あぁ、このアレックスの発言には、ものすごく腹が立った。カミングアウトしたのはあなたでしょう？　あなたを理解したくて、私は一人で悩み、片っ端から手に入るものをすべて読んで、定義が不透明な中で頑張ってきたのに、深く考えなくてもいいとはどういうこと？　あなたってすごく勝手ね。

〝今日から『息子』と呼ばないでと言ったのは誰!?〟と言いたかったが、言わない。

アレックスに伝える言葉がない。本当にない。

黙り込んだ私に対してアレックスは、「本当に考えすぎ」と再び言った。

マジ？　本気でそう言っているの？　考えすぎ？

「あなたのためにここまで頑張ってきたのに」と私は言った。

「理解しようとしているの」とも言った。

「それって本当にありがたいけどさ、会うたびにこの話しかしないのもどうなのかな」

飲み物がやってきた。

なんと言えばよいのかわからないので、これをグッドタイミングと解釈し、ノンアルコールモヒートを飲みながら考える。

完全に私がアレックスに合わせている。

カミングアウトして、〝親に捨てられる〟という心配がないとわかってから、アレックスは堂々と生きている。想像もしていなかった子供の二度のカミングアウトへの対応は正しかったということか、悩んでいるのは私だけだ。デヴィッドは私ほど悩んでいる様子はない。アレックスのことをかなり自然に「they」と呼んでいるし、あまり深くは考えていないようだ。

「何を考えてるの？」とアレックスが聞く。

やっとモヒートから手を離した私は、「ん？　よくわからないわ」と答えた。

「何が？」

「何もかもが」

「そうなんだ。そんなに難しい話じゃないんだけどな」

話を変えることにした。アレックスの言葉と行動で、これ以上悩まされたくない。後で自分で考えることにしよう。

その時、料理が運ばれてきた。

メキシカンを食べながら雑談を続けた。私の仕事の話。建てようとしている家の設計の話。

猫のバットマンの話……。

半分しか食べられなかった私の食事を、アレックスに持たせた。「明日のお昼にでも食べたら」と言いながら渡すと、「ラッキー！　ありがとう」と言って受け取った。

アパートに戻る道を二人で歩きながら、私はアレックスのスカート姿が気にならないことに気がついた。

これって、徐々に慣れてきている証拠なのだろうか？

周囲をチラッと見てみた。誰か私たちのことを見ている人はいる？

いない。

誰も私たちを見ていない。こちらに向かってくる三人組は、笑いながらおしゃべり中で誰もアレックスのスカート姿を見ていない。次にすれ違う人もタバコを吸いながら通り過ぎていく。

やっぱりアレックスを見ていない。私のことも見ていない。考えすぎなのかなぁ。

本当にアレックスが言うように考えすぎているのだろうか。

ここまで深く考えなくてもよいということなのだろうか。

私がもし、これ以上考えない！　と決めたらどんな気持ちになるのだろう。

セーラとの苦い対話

今日はセーラと二人でランチだ。

昔から、アレックスのお嫁さんになる人には、絶対に嫁姑《よめしゅうとめ》問題になるような行動や発言は一切しないと決めていた。亡きお姑さんには最初から嫌われていた私。結局、最後まで仲良しにはなれなかった。これを絶対に繰り返したくないと強く感じていたから。幸い、セーラとは相性もよく、会うときはいつも楽しい時間を過ごせていた。今日のこのランチもとても楽しみにしていたし、ずっと聞きたかったこと――彼女の今の気持ち、特にアレックスのカミングアウトに関してどんな気持ちなのかを聞くいい機会だと思っていた。

しかし、結論からいうとお互いにかなり後味の悪いランチとなってしまった。

私はずっとセーラのことをシスジェンダーでヘテロセクシュアル（異性を愛する人のこと）だと思っていた。なぜなら、セーラは自分のことをバイセクシュアルであるともパンセクシュアルであるとも言わなかったから。訊《たず》ねたことはないけれど、なぜか勝手にそう思い込んでいたのだ。そう思い込むことに対してなんの違和感もなかった。

ここに問題があると気がついた。

本当に今までの「普通」を覆してもよいと信じているのなら、新しいノーマルや新しい「普通」がある時代に生きていくのなら、この〝思い込み〟をよしとする考え方は捨てなくてはいけない。これに気づいたことは、大きな変化だと思う。また、口で言うことと実際にそのような生き方ができるということは全然違うことなのだ。

セーラは、今はパンセクシュアルだそうだ。その前はバイセクシュアル、さらにその前はレズビアンだったそうだ。大人になるにつれてどんどん自分に正直になり、そして、自分をよく知り理解していく中で彼女の認識が変わっていったらしい。

レズビアンとして生きていた彼女がアレックスに出会う。当時のアレックスはバイセクシュアルだった。彼女が言うには、アレックスを好きになった時、周りの友人に「男に惚《ほ》れた」と言ったら、みんなびっくりしたそうだ。男に惚れた以上、自分はレズビアンではないと、バイセクシュアルになった。そこから男と女だけに惹かれるのではなく、〝人間だから愛する〟というパンセクシュアルになった。

彼女と出会って7年目になるが、一度もこのような話を聞いたことがなかったのだ。このことを知ったのは今日が初めてだった。

私とセーラはランチを食べながら話を続けた。彼女からの説明の後、私はアレックスのカミングアウトは想像もしていなかったのでかなりショックは受けたけれど、ずっと支えていきたいという気持ちを伝えた。また、この1年間、必死になって勉強しているとも伝えた。

今から考えると、ここで話を変えてもよかったのかもしれない。

彼女がレズビアン、バイセクシュアル、そしてパンセクシュアルという長い道のりを歩いてきて、やっと本当の自分を発見したことはとても大きなことだ。新しく教えてもらった情報に感謝し、聞きたかった質問の答えもなんとなくわかってきたので、このまま話を変えていれば一件落着のはずだった。

しかしこのあと、セーラとの間に不穏な空気が流れることになった。それはトランスジェンダーのトイレ問題に私が不用意に触れてしまったからだった。

「あのね、実はひっかかっていることがあって。外見が男性に見えるトランスジェンダー女性が女性用トイレや女性更衣室に入ってくるのが私は怖いの」そう言ったとたん、セーラの顔つきが険しいものに変わった。

「トイレ論争」と性暴力への恐怖

2023年7月、日本の最高裁判所でこんな判決がくだったのをご存じだろうか。経済産業省のトランスジェンダー女性職員が、職場の一部のフロアの女性用トイレの使用を制限されるのは不当だとして国を訴えた裁判で、女性用トイレの使用を制限した国の対応は違法であるとする判決が言い渡された。職場においてトランス女性は、女性用トイレを使っていいと最高裁が認めたのだ。

このようなニュースが話題になると、決まって議論になるのが、「トランスジェンダーの女性が女性トイレや女湯を使えるようになると、トランスジェンダーのふりをした男性も女性トイレに入れるようになって性犯罪が起こるのではないか」ということだ。アメリカでは、性自認に応じたトイレやロッカールームを使えるかどうかは、州によって法律が違うのだが、同じようにこうした「トイレ論争」はたびたび起きている。

しかしこのような意見は、トランスジェンダー差別に利用される典型的な言説だと専門家はいう。というのも、実際にそれを裏付けるデータはどこにもないからだ。

例えばカリフォルニア州やニューヨーク州などでは、20年近くも前から、幼稚園から高校生までの学生が性自認に従ったトイレやロッカールームを使用する権利を法律で認めてきたが、このような法律が制定した後に、性犯罪が増加したと言い切れるデータ*はないそうだ。

もちろんそれ以前にも女性用トイレやロッカールームに入るために、男性が女装をしたケースはあったが、法律ができたからといって、それを悪用する人の数が増えるというわけではないことがわかっている。

つまり「性自認を尊重すると、男性が『心は女性』と言えば、女性専用スペースに入れるようになり、性犯罪が起きる」というのは全くの事実無根であって、このような意見を広く拡散することで、トランスジェンダーに対して無用な不安や誤解を与えているに過ぎないのだ。ＬＧＢＴＱ＋について勉強する中で、私もそのことについて頭では理解していたつもりだ。

実は私は、男性に対して拭い去れない恐怖心を抱えている。日本に住んでいた12歳のとき、見知らぬ男性から性暴力を受けたことがあったからだ。その時から自分に近づいてくる男性（に見える人）に対して、常に大きな警戒心を持ちながら暮らしている。今でもだ。

この恐ろしい経験について私は誰にも話せないまま生きてきた。私がデヴィッドやアレックス、両親や弟、大切な家族たちに伝えることができたのは２０１８年になってからだ。

きっかけは、ＣＮＮテレビである公聴会[†]の様子を目にしたことだった。確か２０１８年９月。デヴィッドが彼の母親の癌《がん》の診断をきっかけに実家に帰省していた時だ。

テレビには、新しく連邦最高裁判官に任命された男性、ブレット・カバナウ氏が証言する姿

＊National Consensus Statement of Anti-Sexual Assault and Domestic Violence Organizations in Support of Full and Equal Access for the Transgender Community, NTF; The National Task Force to End Sexual and Domestic Violence, April 13, 2018

†Angela Dewan, Judith Vonberg, World media rips Kavanaugh hearing 'spectacle', CNN, September 29, 2018
https://www.cnn.com/2018/09/28/world/kavanaugh-hearing-reaction-intl/index.html

が映し出されていた。ある女性が、かつてティーンエイジャーだったカバナウ氏から性的暴力を受けたと証言したことで、議会で公聴会が開かれているところだった。

この女性は、スタンフォード大学のクリスティーン・ブラージー・フォード教授。彼女は長年、そのことで苦しみ、カウンセリングに通っていたが、ついにこの話をしようと決心したようだ。#ＭｅＴｏｏ運動*が盛り上がっていた時期でもあった。

「私が証言すれば、人々のターゲットになってコテンパンに嫌がらせを受けるであろう。でも、自分のプライバシーや家族の安否を犠牲にしても真実を話したい」と彼女は上院議員らの前で証言した。感情を抑えて、つとめて冷静に経緯を語る彼女に対して、カバナウ氏はどんどん感情がエスカレートして、その表情は見苦しいくらいだった。

アメリカでは昔から「感情的になるのは女、冷静に判断できるのは男。だから、女には向かない職業がある」という言い回しがあるが、今、テレビに映し出されているシーンはこれとは正反対。

フォード教授の話を聞きながら、私もいつしか涙を流していた。彼女の勇気に大きな衝撃を受け、感動した。私にも同じ経験があったからだ。これまで40年間沈黙してきたけれど、彼女に勇気をもらい、私も誰かに話す時がきたのではないかと感じた。

言おう。この嫌な思い出、痛い経験、もう隠さない。堂々と言おう。フォード教授のように。

そう心に決めた。

話をもとに戻そう。そんな経緯があったので、セーラに「トイレ問題」を話したとき、一緒に過去の出来事と恐怖心を打ち明けた。セーラという娘のような存在ができて、彼女にならこの時のことを話してもいいいんじゃないか、私の気持ちを理解してもらえるのではないだろうかと感じていた。

「実は12歳の時に性暴力を受けたことがあって、そのことがトラウマになっているの。だから外見が男性に見えるトランス女性が女性用トイレや女性更衣室に入ってくるのが私は怖い」

思いきって告白した私に対して、セーラの答えは意外なものだった。

「あのね、それってすごくわがままだと思うの」

共感してもらえるどころか、彼女の顔には怒りがあった。あきらかに私が不適切な発言をしたことへの拒否反応だ。続けて「男に見える女性がトイレのドアを蹴飛ばして、あなたを襲うとでも思ってるの？」と辛らつな言葉を投げつけてきた。

＊性的ハラスメントや性的暴力の被害者が沈黙を破り、被害を告発、共有する運動。２０１７年、アメリカの有名映画プロデューサーによる長年の性暴力ハラスメント報道をきっかけにＳＮＳでこのハッシュタグをつけて告発する運動が全世界に広まった。

正直ショックだった。わがまま？　ちょっと待ってよ。自分の発言に問題があったかもしれないけれど、40年前に酷い経験があって、それが理由だと言っているのにわがまま？　私も脈拍が一気に上がり、もはや冷静ではいられない状態になった。気がつくと涙が溢れてきた。恥ずかしい。何やってるのよ、エイミーは。

「トイレ」と私は言い、立ち上がり、駆け込んだ。涙を拭くと、トイレの鏡に映った自分に問いかけた。「いいの、これで。よくないわよ、全然。どうするの？　わからない。セーラの気持ちはわかる？　わからないわけではない。彼女に対して、不適切な発言をしてしまったのは私。でも、私の気持ちも理解してもらいたい」

この難しい話から逃げてはいけないのだ。もう一度説明してみよう。よっしゃ。

席に座ると、セーラも少し冷静さを取り戻したようで、「何歳って言ったっけ？」と聞いてきた。

「12歳」と答えると、セーラが「それはキツイ出来事だね。忘れられないことよね。カウンセリングに行ったら？」と聞いてきた。

「もう何年も通っているけれど、結構大変なの。私の中にはまだ『助けて！』『守って！』と叫んでいる12歳の女の子がいるの。40年間話さなかったことを急に話し出す私を責めないで、「言ってもいい」と自分を納得させようとしても心のモヤモヤはそう簡単には消えないの」

お互いにこの日はそれ以上、もう何も言わなかった。セーラの言葉は確かにキツかった。でも、今は言ってもらってよかったと思っている。学んだことがあるからだ。

そもそも「トイレ問題」と私が性暴力を受けたことは、別の問題として考えなければならないということだ。それなのに自分のトラウマとトランスジェンダー女性の問題を重ね合わせてしまったために、セーラは、私の発言を差別的だと受け取って激しく怒ったのだろう。

私自身、トランスジェンダー女性を傷つけたり、嫌な気持ちにさせたりしたいわけではないが、もしそう思わせてしまったとしたら、自分にもいたらないところがあったのだと思う。これからはもっと注意しないといけないと反省した。

一方で、やはりここにも世代間ギャップによる衝撃があったことは否めない。セーラにはもう少しソフトに話してほしかった。「あなたはわがままだ」なんて、私だったら亡き姑に絶対こんなふうには言えない。「お義母さんも大変でしたね。でも、その言い方は、LGBTQ+の人への差別に聞こえてしまうから注意が必要ですよ」などと柔らかく言ってくれればいいものを……。しかし、差別を受けたと思った人が、そんな冷静でいられるわけがないこともわかる。カッとして、セーラの口調が厳しくなったのは当然かもしれない。

またいつかセーラと、この話をしたいと思っている。私も理解してもらいたいのだ。私が生意気でもなければ、わがままでもないと知ってほしいし、LGBTQ+の人々と同じように、DV（ドメスティックバイオレンス／親しい間柄の相手からの性的・肉体的・精神的暴力）や性的暴力やレイプで苦しんでいる人たちの権利も声も認めてほしい。男性から性的暴行やＤＶを受けたことがある女性は、知らない男性（と思われる人も）が、近くにいるだけで違和感や危機感を持ってしまうことがある。特に、洋服を脱ぐような場所では警戒心を感じてしまうのは、ごく自然な気持ちだと思う。

トラウマがあるナシに関係なく、男性にしか見えない人がサウナに入ってきた時の女性の気持ちもやっぱり少しは考えてほしいと思うのだ。

もちろんお互いの意見が１００％同じということはまずないだろう。意見の食い違いがあるのは当たり前。それでもお互いを傷つけることなく、尊重し合いながらも自分のことを正直に話すことができる関係になりたいと願っている。

帰りは車でセーラを家まで送り、ハグして出て行こうとする彼女に、「考え方って必ずしも一致しなくてもよいのよね」と私は言った。これから先は、誰に何を話すのかをじっくり考えてから、話すようにしよう。すべてを吐露する必要がないことだってあるのだ。セーラは娘がいない私にとって娘のような存在であり、セーラも私と夫のことを好きでいてくれていると信じている。

これは家族全員の問題

アレックスは二度目のカミングアウトの時にこんなことを言った。

「これは自分自身のことであって、父さんや母さんのことじゃないから」

思い出しただけでも腹が立つ。

セーラとのランチの時にも彼女に言った。

「それは全く違うわ。これはアレックスだけのことじゃない。家族である以上、私たち全員の問題なの。私たちっていうのは家族みんなのこと。私もデヴィッドもアレックスもあなたも。そういう言い方にはついていけないわ」

セーラは何も言わなかった。

たぶん、セーラは自分が正しいと思っている。私も自分が正しいと思っている。重要なのはこういう場合、喧嘩するのではなくて相手の話を聞くことなのだ。

そう言いたいのだが、アレックスが私の本音を聞いてくれるとは思っていない。ということは、一方的に私がアレックスの言い分に合わせているだけだということになる。本当にそうなのか。私は合わせているだけなのか。

アレックスの周りにいるＬＧＢＴＱ＋とノンバイナリーの当事者たちは、今まで自分たちは差別されてきたマイノリティーだと思っている。そして、そろそろ自分たちの人権を尊重してもらいたいと考えているのだ。自分たちの存在を否定されないということだけでなく、法律上でも認めてほしいし、どの国のどの社会にも当事者はいるのだということをすべての人たちに認識してもらいたいと思っている。言いたいことはわかるし、私も同意する。アレックスが何をしようと、誰を愛そうとアレックスの勝手だと思う。

アレックスがパブリックにカミングアウトした今、私はバイセクシュアルでありノンバイナリーである子供がいることを誰にも隠さないし、その子供に母親として一生懸命愛情を注いで支えていく。まさに私はその真っただ中にいるのだ。

セーラとのしっくりこないランチから数カ月後、今度はアレックスとランチをした。セーラから私たちの意見の食い違いに関する話を少しは聞いただろうと思っていた。彼女がいないところで、彼女との会話を説明するのは悪口や噂話《うわさばなし》をしているようでしたくなかった。でも、この間のランチの話については正直に話した方がよいと思った。

ランチはアルゼンチン料理にした。エレガントなカフェに入り、ずらりと並んでいるパンを見て、私は「どれもこれも美味しそうだね」とアレックスに言った。そして、アルゼンチン風ピザを頼み、席に着いた。

昨晩はよく眠れなかった。今日、アレックスにどこまで正直に話そうかと考えているうちに午前3時を過ぎてしまった。最終的にはすべて話そうと決めた。リスクはあるが、子供に嘘はつきたくない。そして、意見の食い違いがあったとしても自分の子供なら話し合えるとも思った。アレックスが納得するまで時間がかかるかもしれないけれど、私の考え方も理解してもらいたい。そして、アレックスの考え方も理解したい。

「聞いているかもしれないけれど、この間のセーラとのランチ、なんだかお互いにしっくりこなかったの」と、出だしから隠さずに話をした。

アレックスはセーラから何も聞いていなかった。

私はトランスの女性が嫌なのではない。トランスの女性が、外観がどうであっても女性なのだ、ということはわかっていると説明した。

ただし、私の場合、性暴力の経験から、知らない男性が近くにいるだけで、その時の傷がまた裂けて、痛みと、苦しさと、怒りと、恥ずかしさがいつ甦《よみがえ》ってくるかわからない。

性暴力を経験した12歳の時から、そのことを私は誰にも言わなかった。親にも、夫にも、友達にも、医者にも。本当に誰にも言わなかった。40年間、言えなかったこの辛い経験を話すことができるようになり長くカウンセリングに通っていても、私はいまだにこの話をすると泣いてしまう。そして、同じような苦しみを抱えながら生きている女性は世界中にたくさんいるのだと思っている。

アレックスにはすべて話した。そして、トランスの女性の人権を尊重しないのではなく、私の心の傷が深くて大きいのだとも言った。トランス女性を否定する気持ちは全くない、と何度も言った。だからこそ、アレックスに「これは自分自身の話であって、父さんや母さんのことじゃないから」と言われるのが嫌だったのだ。

「母さんね、本気で女性の定義って何かを考え直した方がいいよ」とアレックスに言われた。考えていないわけではない。自分の中ではしっかりとした定義があると思っている。そして、もう一つ言われたことがあった。「思っていることをそのまま全部出すのも考え直して」

私たちの声も無視しないで

ＬＧＢＴＱ＋とノンバイナリーに関して、私は意見を表明してもよいものなのだろうか。自分の意見なら言ってもよいのでは、とも思う。しかし、現実はそんなに甘くない。今の若者の行動に関して反対するような雰囲気を少しでも発したら、疎まれる。距離を置かれる。そして極端な場合は、完全に嫌われ、人間関係が失われてしまうことも。以前なら、そういう意見の対立も許容されていたように感じるけれど、今は違う。変わってしまった。まるで新しい常識ができてしまったみたいだ。

私の場合は自分の心の中にある傷がまだ癒えていないのだ。本当に差別はしたくない。でも、自分のトラウマを無視することもできない。

　アレックスの言葉に、私も言いたいことが止まらなくなった。

「あのね、あなたの、『思っていることをすべて口に出すな』っていうコメント、それは考え直して。いい？　聞いて。トランスの人たちが今まで受けてきた差別についてもっと考えろというあなた方の気持ち、わからないわけじゃないの。でもね、アレックス、例えばオールジェンダーのトイレや更衣室がない場合、あなたは男女どちらのトイレと更衣室を利用するの？　もし女性用サウナに髭を生やしたあなたのような人が突然現れたら、私は出て行くと思うの。思い出したくない嫌な経験の思い出がある人は、そのことが心と身体に深い傷になり、トラウマとなってしまっているのはわかるわよね。私のような人は世の中に大勢いる。レイプされるのは男性よりも女性の方が圧倒的に多いのはわかるわよね。だから、男性にしか見えない人が急に女性サウナやトイレに入ってきたら、私は警戒して逃げるしかないのよ。これは、『あ〜、トランスの女性が来た、やだな』という反応とは全く違うのだとわかってほしい。私はあの出来事以来､常に周りにいる人を観察しているの。ずっと警戒してるのはとても疲れるわ。でも、私の内にいる『どうして守ってくれなかったの！』と叫んでいる12歳の女の子に『大丈夫よ、二度とあんな経験はしないわ』って言いきってあげられないのよ。どんなに気をつけていても、自分の安全を実際にどこまで自分だけでコントロールできるのか。あなたは、生きてきた32年間、『やば、逃げよう』と思ったことはある？　私の過去には大きな事件があって、そこでできた大きな傷が私の中にはまだあるの。思いきり泣いて、〝どうにかしなくちゃ〟と何度も思ったわ。でも〝40年前のことだからもう大丈夫〟だなんて、全く思えない。トラウマについて、『そろそろ治ったよね』なんて軽く言われたら、カチンとくるのはわかるでしょう。私は今でもカウンセリングを受けているのよ。これは私個人の問題だということもわかっている。でもね、世界中で私だけがこういう経験をしたわけではないのもわかるでしょう。個人的な事情を無視してトランス女性を差別しているなんて言われたくない」

まさしく一気に「思っていることすべてを口にした」。アレックスは黙っている。

外見が男性に見える人のジェンダーアイデンティティーを知らない場合、私は今でもとっさに「この人は女性かも？」とは思わないだろう。これは間違っているのかもしれない。でも私は、まず外見で判断してしまうのだ。少しずつ自分の考え方を変えようとはしているが、私は60年近く「男性はこう、女性はこう」というイメージの中で生きてきたのだから、すぐに考え方を変えられるわけではない。そして、私の心の中には性的暴行の記憶が今でも残っている。まず自分の安全を考えてしまうのは自然なことではないのだろうか。

更衣室、トイレ、サウナなどは服を脱がなければならない場所だ。そんな話をしている時に、セーラが私にこう言ったのを思い出した。

「女性トイレに入って便座の上に座っている時に、あなたを誰かが襲うとでも思っているの？」

私は「そんなこと簡単に答えられることではない」と言いたかったが、あまりにも彼女の表情が険しく、これ以上説明しても無駄だと判断してセーラには何も答えなかった。

でも、アレックスには言った。

「過去に性暴力を受けた女性は、そうでない人より自分の身体の安全について敏感で、常に『この男性は信用できるか』って考えているのよ。そのことを間違っているとか言われたくないわ。私が言いたいのは、トランス女性の人権を守り尊重するために、私のような人たちが声をあげることすら許されなかったり、安全が脅《おびや》かされることよ。過去にレイプやDVを経験した女性や、トラウマを抱えている私が、自分の安全に対して気にしているだけなのに、それは無視しなさいって言われているようだわ。これからは長年差別されてきたトランス女性の権利を優先するのだから、あなたの安全や気持ちなんてどうでもいい、私にはそうとしか聞こえないの。トランス女性が女性用トイレを使ってはいけないなんて言っていない。この話が冷静にできないことがおかしいと思うの。あなたたちに全面的に賛成しないと、私がトランスの女性を差別していると言われるのはお断りだわ。わかるかしら。私の言っていること?」

その時、私はカフェの隣の席に座った男性が急に気になった。どこか様子がおかしいのだ。急に独り言を言ったり、急に手を頭の上で振り回したりしている。自分の動作がコントロールできない病気なのか。酔っぱらっているのか。それともドラッグでもやっているのか。可能性は山ほどある。私に危険が及ぶ可能性がゼロだとしても、私は知らない人がこういう振る舞いをしていると〝自分を守らなくてはいけない〟と思い、警戒してしまう。

だんだんと激しくなる男性のしぐさ。

私はピザをさっさと片づけて「行こうよ」と言って、席を立とうとした。

「え？　何？　急にどうしたの」と聞いてくるアレックス。

「いいから行こう」とアレックスに言って、私たちはすぐにカフェを出た。

車の前まで来て、私はアレックスに「性的暴行を受けると大きなトラウマが残るのはわかったわよね」と聞いた。アレックスは頷く。

「私の中には常に自分の近くにいる男性の存在を警戒している12歳の女の子がいるの。私はこの12歳の自分を守らなくてはいけないの。だから、さっきみたいに、自分の置かれている状況に不安を覚えた時、私は自分を守るために行動してきたの。だから店を出たのよ。あの人が本当は危険でなくても、私のことが目に入っていなくたって関係ないの」と説明した。アレックスの反応がおかしい。

「なんの話？」と聞いてきたので、「隣に座っていた男性に気がついていないのね、あなたは」と私は言った。「隣の男性？」とアレックスが聞き返してきたので、彼は男性の行動に全く気がついていなかったことがわかった。そして、慌ててカフェから出た理由をさらに深くアレックスに説明した。私のとった行動は、必ずしも冷静なものではなかったかもしれないけれど、それが40年以上トラウマを抱えている私のサバイバルテクニックだと言った。

今まで、ここまで正直に私の経験と今でも抱えているトラウマについてアレックスに話したことはなかった。

今でも抱えているこのトラウマ。そして、今までの仕事の相手は、ほぼ9割が男性だ。嫌なことも十分あった。日本語でも英語でも「女だからダメ」などと言われてきただけではなく、出張先では、「今晩、俺の部屋に来いよ」と言ってくる同僚もいた。私は常にアンテナを伸ばして周りを警戒してきたのだ。どれだけ疲れることか。私は必死になって、痛めつけられた12歳の自分を守ってきた。「本当にここまで毎日、自分の安全にエネルギーを使うっていうのはまた違う意味で辛い」とも言った。

アレックスの顔が急に真っ青になった。倒れるかもしれないと思った私は、「あなた、大丈夫？」と言って、手を摑んだ。

「そんなに大きな傷なんだ」とアレックスが聞いてきた。

「そうよ、大きいの。今でも思い出すと泣いてしまうし」と答えた私の顔を、アレックスはじっと見つめてきた。「知らなかった」とつぶやいた。そして、「知らなくてごめん」と言って、長い腕で私の肩を抱いて大きなハグをした。

「あなたにこの話を初めてしたのは4年前だったよね。それまで私は40年もの間、この経験を誰にも言えなかったんだから。アレックス、自分を責めないで。でも、私がなぜ知らない男性や、男性に見える人が気になるのかは理解してもらいたい。簡単に『トランスの女性を認めていない』とかそういう単純な解釈はされたくないの」

運転をしている私。助手席に座っているアレックス。しばらく沈黙が続いた。

「複雑だね、これって」とアレックスが言ってきた。

「そうね」と私は答えた。

この日のアレックスとの対話は5時間にも及んだ。この間のセーラとのランチは1時間。二人に説明しようとした私の経験と、今も消えない嫌な気持ちは確かに複雑な話だと思う。これはセーラとの1時間では説明できないことなのかもしれなかった。

自分のトラウマによる恐怖心と、トランスジェンダーの権利問題を混在させてしまったのは、私の大きな失敗だった。「トイレ問題」が語られるとき、トランスジェンダーの権利とシス女性の安全の二項対立のように問題がすり替わってしまいがちなのはなぜだろう。そもそもの問題は、性暴力が絶えないことだ。私は、性暴力そのものを世の中からなくせればよいと心の底から願っている。

自分の「暴言」にショック

人権の尊重と多様性が叫ばれているのは、人類が平等ではなく、多様性や人権が脅かされることがまだまだある、ということの証《あかし》でもある。すぐそこにある差別や偏見を一気に覆すことはできない。でも、なんとかして、このような話ができる環境を作っていきたい。少なくとも、子供夫婦とはこんな話が普通にできる家族でありたい。

アレックスには話せるが、セーラとは話せない。これで本当にいいのだろうか？

セーラとのランチの5カ月後、あるイギリス人のコメディアンがワールドツアーでアメリカに来ることを知った私はさっそくチケットを買った。私はこの女性の大ファンなのだ。セーラを連れて行こうと招待した。

「楽しそう！　誘ってくれてありがとう」と答えた彼女。

残念なことに、シアトルのホールは完売で、車で3時間もかかる南のポートランドのチケットしか手に入らなかった。私たちはポートランドにいる友達を先に訪ねたセーラと現地で合流し、ショーの後、車で3時間かけて一緒にシアトルに戻ることにした。

コメディアンのショーは期待以上だった。私もセーラも大爆笑。本当に楽しい一夜だった。

帰りの車の中で私は思いきってある発言をした。

「ねぇ、私がデヴィッドのお母さんと結婚する前からうまくいってなかったというのは知ってるわよね」

「うん、知ってる」

「私は、あなたとそのような関係になりたくないの。だから私なりに努力しているし、あなたも努力してくれているって信じているの。まだあなたを知って7年しかたっていないけれど、お互いにこれからも頑張っていこうね。だから、私が何か嫌なことをしてしまったら言って。私も言うから」

何を言っているんだ、私は。そう思ったけれど、自分が本気であることも自覚した。この間は何もかもを全部話さなくてもいいと決めたばかりなのに。

いや、嫌なことをしたら、と何もかも話す、とは違う。この間のような話はもうしない。でも、お互いに意識して努力していることを認め合うのもいいのではないかと思う。

「ありがとう、そう言ってくれて」とセーラが言った。

しばらく沈黙が続いたので、これは彼女から何か言いたいことがあるのだろうと予感がした私は、思いきって聞いてみることにした。コロコロと自分の考え方が変わっていく。これもおかしな話だ。でも、私は頑張っている。こう考えているうちにセーラが、「今年のパーティーであなた、私の母と妹に『私がバアバになれないなんて、もったいない話よね。私って最高のバアバになれるのに』と言ったのは覚えてる？」と聞いてきた。

はぁ？　え？　言ったっけ？　覚えていない。いや、これはまずい。どうしよう。

「セーラ、あなたとアレックスは子供を作らないって前から言っているので、私はバアバにはなれないと完全に理解しているわ。確かに今のは……私が言いそうなセリフよね。でも、言った覚えはないの。言ってないとは言わないけれど、言った覚えはない。言ったとしたら、私はあなたのお母さんと妹にウケたくて言ったとしか思えないわ。ごめんなさい。あなたを嫌な気持ちにさせてしまったわね。本当にごめんね。二度と言わないから」と約束した。


言葉って大事。

人を傷つける道具でもあり、和解をもたらす道具でもある。

それを知っていたつもりの私でも、このような大きなミスをするのだから、これからも大変。

本当に気をつけなければ。

ピクニックで人前式

2023年春。まだアレックスとセーラは正式には結婚していない。

このことは私から母に話してある。母も私もなぜこんなに時間がかかるのかが理解できない。

また、1年前のパーティーの前に式を挙げるとみんなに言ったのにまだしていないのは嘘になるのではないかと私も母も気になっていた。でも、私たちにはどうすることもできない。

セーラから電話がかかってきた。

「去年の7月のパーティーから丸1年たつ日に、人前式をしようと思ってるの」

「あら、いいじゃない、それ」と私は答えた。本当は、「どうしてこんなに時間かかるの？」と言いたかったが、それは言えないし、言わない。

「来てくれる？」とセーラが聞いた。

「もちろんよ」と私は返した。

「ピクニックにしようと思ってて」

「いいわね、シアトルの7月って滅多に雨降らないし」

「そう。私たちのアパートに近い公園でやろうと思ってる」

いろいろ説明を受け、時間と場所を聞き、カレンダーにさっそく書き込んだ。

本音を言うと、いまいちよくわからないのだが、これもついていくしかないと判断した。

夏になり毎日が晴天のシアトル。徐々に気温も上がる。7月のウェディングピクニックには何を着て行けばいいのだろう。一応、今度は本物の結婚式なのだからおしゃれをしていきたい私。いや、本物の結婚式と考えていいのだろうか。もう子供世代のルールがわからない。

セーラに電話をかけた。

「あなたたちのピクニック、私は何を着て行けばいいのか迷ってて。アドバイスしてくれる？」

「ピクニックなんだから何を着てもいいわ。アレックスはドレスを着るって言っているし、私はフェイクレザーのバイカーショーツとタンクトップを着ようと思ってる。たぶん来る人はみんなカジュアルな恰好で来ると思うわ」

アレックスがドレスを着る。セーラはバイカーショーツ？　タンクトップ？

本気なのかしら、この二人？　などと、思っちゃいけないのよね、アミア。

そうなの。思っちゃいけないの。自分が何を着るかだけを考えよう。

デヴィッドも何を着ようかと悩んでいる様子で、二人ともクローゼットの前に立って、「これはどう？」と二人でファッションショー。結局、ピクニックの数日前に私は前から欲しかったドレスを買い、デヴィッドは黒いジーンズにベージュのおしゃれなシャツを着て行くことにした。

当日は素晴らしい晴天。セーラは言ったとおり、黒いショーツと黒いタンクトップを着ている。肩にはショールをかけている。アレックスは、大胆なスリットが入ったワイン色のドレスに黒いパシュミナのストール。私もデヴィッドも何も言わない。

大きな松の木の下に、素敵な白いテーブルクロスをかけた低めのテーブル。テーブルの上は、キャンドルと花で美しくセッティングされ、クッションがテーブルをぐるりと囲んでいて屋外リビング、といったしつらえ。セーラとアレックスの友達が現れだした。去年のパーティーに参加した人が多い。20人くらい揃ったところでセーラとアレックスが、言った。

「みんな来てくれてありがとう。今日はヘレナに仕切ってもらうので、みんなこの木の下に半円を作るように立ってくれる？」

ヘレナがブルースだった時にアンナと結婚した。その時に誓いの言葉を承認したのがセーラだったこともあって、セーラはどうしてもヘレナに結婚の承認をする人になってもらいたかったようだ。だからセーラとアレックスは、ヘレナの時間が空くまで待ったのだ。なぜ、ヘレナが1年もたってから時間が取れたのかはわからない。今日ここに彼女がいるだけでもありがたいと思うようにしよう。

ヘレナはアレックスとセーラを前にしておごそかに言った。

「今から二人に誓いの言葉を交わしてもらいます」


私は結婚式では必ず泣く。これは昔から私たち家族三人の間のジョークにもなっている。あまりよく知らない親戚の結婚式でも泣いた。従姉妹の結婚式でも泣いた。前の家の大家さんの結婚式ではアレックスが私の右に、デヴィッドが私の左に座り、「あ、もうすぐ泣く」と瞬間的にわかった二人が同時に私にティッシュを渡すというシーンもあったほどだった。

アレックスの誓いの言葉に、私はボロボロと涙が出た。

「子供の頃から結婚する相手は笑い声で決めようと思っていた。笑いが絶えない家庭で育ったからかもしれない。一緒にいて落ち着く人。そして、心から愛している人であることはもちろんのこと。笑った時の顔とその声が自分にとっては大事だから、そんなふうに笑う人を探し出した。セーラの笑い声を聞いた時に、『あ、この人だ』と決めた。セーラ、あなたの笑い声に癒やされ、励まされ、愛があり、友情があり、これからもその声と共に、あなたと共に生きていきたい」

笑い声で一生のパートナーを決めた私の子供。今まで聞いたことがない誓いの言葉だった。デヴィッドは私にティッシュを何枚も渡す。泣きながら笑う私。これでいいのだ。よくわからないけれどこれでいいのだ。

セーラの誓いの言葉は覚えていない。アレックスの言葉が、あまりに美しく信じられないような言葉のあとだったので、セーラの言葉は頭に入らなかったのかもしれない。

ヘレナが「誓いのキスをどうぞ」と言った。

二人がキスをし、友達は大きな拍手と声援。また泣く私にデヴィッドが素早くティッシュを渡してきた。

ピクニックフードはベーグルとサンドイッチ、シャンパンとフルーツ、チーズケーキとチョコレートタルトなどおしゃれな品揃えだった。二人の友達たちはみんな主役を中心にして、おしゃべりに夢中のよう。私とデヴィッドはあきらかに一番年上だ。みんな私たちがアレックスの両親だと知っている。でも、別に話しかけてこないし、私たちも意図的に話しかけない。みんなが楽しそうにしているのでそれでいいと思った。

この日、私は写真を撮らなかった。

二人の衣装にびっくりしたのは確かだ。決して批判しているわけではない。でも、私には自分の結婚式に「こういう衣装を着よう」とは頭に浮かばないのだ。確かに近頃の若者の考え方は私にはわからない。32年前に子供を産んだ時には想像もできなかった今の世の中。それは、私の両親の世代も私たちに対して思ったことだろう。そして、祖父母の世代も両親の世代に対して思ったことだろう。生きている以上、これは当たり前なのかもしれない。

写真を撮らないことにしたもう一つの理由は、去年のこの日のウェディングパーティーの写真があるからだ。皆に祝福される結婚式、2回目は二人のためのもの。誓いを分かち合う日。

二人には写真は撮っていないと言っていない。これは、私の個人的な思い出。写真なしの思い出にしたい。理由をうまく説明できていないかもしれないが、私はこれでいいのだ。

第5章 親にもアライが必要だ

一人で悩まなくてもいい

ＬＧＢＴＱ＋とノンバイナリーの子供を持つ親でも、子供の世代が当たり前だと思っているルールと定義を理解しているとは限らない。私も初めはそうだった。少しずつ理解して納得して、ついていけるようにはなったものの、まだまだわからないこともたくさんある。アメリカでは、ジェンダーアイデンティティーについてカミングアウトする若者が減る傾向は全くみられない。減るどころかどんどん増えていく一方だ。

以前、参加していた親の会で、ある日４歳の子供が自分はノンバイナリーだとカミングアウトした子供の親に出会った。

「どうすればいいの?」と泣く母親。さすがに私も4歳の子供がカミングアウトする話は初めて聞いた。

「4歳よ」と彼女が言った。そして、「私が4歳の時にはジェンダーなんていう言葉なんか知らなかったし、お姫様ごっこして遊んでいるのが普通だったのに、どうして4歳の子が自分の身体と性とジェンダーに対してこんなに意識しているのかが、全然わからない。子供を支えたい気持ちはあるのに、わからないことが多すぎて」と言って、号泣した。

適切な言葉が見つからない。激しかった肩の震えが収まるまで、ハグして彼女の背中を撫《な》でてあげるしかなかった。私はなんとかしてあげたい気持ちでいっぱいだったが、30歳でカミングアウトしたアレックスに対してもうまく対応できなかったのに、4歳の子供のカミングアウトに関してなんとアドバイスすればよいのかわからない。

なんと言えばよいのかわからなかったが、逃げるのではなくお互いが共感し合えている実感はあった。私たちにしかわからない、子供がカミングアウトした親同士で支え合うことはとても重要なことである。これが今、私にできることだと思う。

この親の会は、電信柱に貼ってあった情報を読んで存在を知った。電話番号があったので、電話をして会の歴史などを聞き、自分で「大丈夫そう、この人たち」と参加を決めた。アレックスのカミングアウトで悩んでいた私が、子供がLGBTQ+だったり、ノンバイナリーだったりするこの親の会を見つけてどれだけ助けられたことか。うまく説明はできないけれど、このコミュニティーと出会ったことが、私には大きな力になったし、今まで以上に優しくなれたと思う。子供とはなかなか話せないことでも、親の会では話し合える。一人で悩まなくてもいいとわかった瞬間、私の肩の荷がどれだけ軽くなったことか。

この会と出会うまでは友達などに少しずつアレックスのカミングアウトについて話をしていたのだが、〝よくわからない〟など、周りの反応は私にとって役に立つようなものではなかった。それがこの会と出会って、初めて参加した時、中にいる人たちのパワーに圧倒された。「あなたの気持ち、想像できる」と言われるのと「あなたの気持ち、よくわかる」と言われるのでは、言葉の重みも言葉の力も全然違うのだ。今ではマイノリティー、または〝その他〟のカテゴリーに入る子供を持つ親が集まると、とてつもないパワーを発揮するということを強く感じている。

すぐにわからなくてもいい。

大事なのは理解しようとする姿勢だ。親が積極的に学ぼうとすること。

セーラと私の、あのランチでの意見の食い違いのようなこともあるだろう。お互いが正しいと思っているので、冷静に話し合うことは難しい。でも諦めないことだ。子供に何があっても愛し続ける。意見が食い違えば、違和感は消えないかもしれない。でも諦めない。この繰り返ししかない。諦めないのだ。

悩んでもいいと思う。悩みすぎたら、しばらくＬＧＢＴＱ＋とノンバイナリーに関する情報収集から離れて違うことに集中すればいい。これが今の私なりの思いだ。アレックスのカミングアウトに動揺していた気持ちが、だいぶ落ち着いてきた。自分の成長を知る一方で、まだまだ先が長いことも認めなければならない。

今後は、このような会の必要性とそこから得られたメッセージを広げていきたい。そんなふうに思えるようになっていた。

ところがある日、全メンバーにメールが送られ、「会は解散します」と知らされた。また、探さなくては。がっかりだった。

私は、この会と出会うまでに何度か失敗もした。最初はネットを使って探してみた。ネット上の会では、わからないことがあれば、いつでも質問ができて、大勢の人から回答をもらえて、その中から自分の家庭の事情に合ったアドバイスを見つけることができる。

初めの失敗は、あるＬＧＢＴＱ＋の当事者が管理しているルールの厳格な親の会に入ってしまったことだった。会に参加するには、会のルールをよく読み、それに従うという約束をさせられた。取扱説明書ですら読むのが嫌いで苦手な私は、この会のルールをきちんと読まなかった。読んでいれば、このグループには参加しなかったと思う。

ある日、13歳の娘がトランスだとカミングアウトした母親のコメントがあった。その娘さんの兄弟はみんな男子。娘が生まれて本当に嬉しかったと思う。一緒にショッピングに行けるし、お化粧の仕方も教えられるし。女同士の絆《きずな》が欲しかった彼女は、娘さんが息子に変わるのがとてもショックだったようだ。子供への愛は変わらない。しかし、心のどこかに〝がっかり〟してしまった気持ちがあった。

正直にこう書いた母親に対してグループの管理者は、「子供のカミングアウトに対して『がっかり』という言葉は禁物です。このグループではその言葉を使用禁止にしています。もう一度グループのルールを読んでください」とコメントした後、その母親の投稿を削除したのだ。

違うでしょう、と見た瞬間カチンときた。これは親の感情を否定するコメントである。親にだって感情はある。カミングアウトしているのは私たちではない。それは認める。でも、LGBTQ＋の当事者だって親の気持ちを聞くことは、カミングアウト後の親子関係には大切なのではないか。

ルールを読んでみた。

「当事者のカミングアウトに関して、当事者が否定的と思われるようなコメントは自動的に削除します。このグループは、カミングアウトした子供の気持ちを考えるグループです。お子様の気持ちに配慮してコメントしてください。カミングアウトした子供の勇気を認め、『がっかり』や『ちょっと残念』などは言ってはいけない言葉です」

う〜ん。言いたいことはわかる。厳しいコメントを聞きたくないという気持ちもわかる。

でも。

親だって子供のカミングアウトに関して質問もあれば、わからないことだっていっぱいある。また、自分の子供が性別やジェンダーを変えると言われると、ある程度のショックはあって当たり前だと思う。親の気持ちなんて関係ないとは言われたくない。このグループは当事者の気持ちを優先して、親には、あれは言うな、これも言うな、などと一方的に言っていたのだ。

親に認めてもらいたい子供。子供を理解したい親。これは一方通行の関係性ではない。お互いに相手の気持ちなどどうでもよいのなら、このようなコミュニティーに参加する必要もない。私たちは親としての感情、懸念、質問、涙などを誰かと分かち合いたいのだ。私たちの話も聞いてもらいたいのだ。

親たちの「思い出」を否定しないで

今の世の中、ＬＧＢＴＱ＋やノンバイナリーの当事者がいて当たり前だし、彼らの権利は認められるべきだと思っている親は大勢いると思う。そして、たいていこのような親たちは、カミングアウトした子供のことを愛し続けようとしていると思う。だからこそカミングアウトに揺れている親の反応や感情を全否定するような当事者グループは、私には合わない、必要ないのだと改めて意識した。

厳しい言い方になるが、これには理由がある。

例えば、子供のカミングアウト後、名前や代名詞や性別を変える当事者たちの中で、「今までの自分が写っている写真は全部捨てて」と要求をする当事者が増えてきた。これは、私が参加しているママハグやママベアの会でも読んだ内容だ。ソーシャルメディアに前の写真があれば、それも消す。さらに、前の名前で書かれているコンテンツも全部消す。

「私は男の子を産んだし、男の子を育てた。今は違うとわかっていても、私が経験した歴史まで消さなきゃいけないの？　写真だけはそのまま残したいのに」と聞いてくる母親が何人もいたのを覚えている。「ポイントは、昔、我が子はこんな子供だった」ではなく、「今の我が子はこう、という方に集中しないといけない」と言われたのも覚えている。グループの中に、「時々、以前のように女の子になってもらいたい。夢の中だけでもいいから」と言ったママがいて、他のグループメンバーに「絶対それは言ってはダメ」と言う人もいれば、「思ってもダメ」と言うママもいた。

私の中では、２０２０年までは我が子は男だった。私の思い出は私のもの。これはアレックスには言っていない。アレックスに言う必要もない。カミングアウトされたからといって私の思い出を奪われることはないと思っている。そして、この思いは、このようなグループではもう言わないことにした。子供に合わせないといけないというママたちのメッセージは子供を想う母親の本音だ。でも、どうして私たちの思い出もないものにしなくてはいけないの？　これが私の本音だ。

私がネットで参加したあるグループでの話。当事者が当事者の親のために作ったグループで、当事者が親の質問に答えてくれる、というものだったが、グループのメンバーたちは、私の質問を嫌がった。

「説明されたことに対して、どうして質問で返しちゃいけないの？」

「じゃあ、私が親として当事者に聞いていい質問って、何を読んだらわかるの？」

「親たちが知りたいこと、わからないことを教えてほしいって、当事者に助けを求めているのに、わからないこと、知らないことそのものを嫌がって、答えないのはおかしくない？」

「親の側の気持ちに関する対話を当事者とするには、どうしたらいい？」

「子供のカミングアウトが一番うまくいくのは、子供と親の会話がお互いに正直であること」と言った私は、その場でグループからブロックされ、退会させられた（そんなグループが一つや二つではなかった！）。

ノンバイナリーに関する長い勉強で、大きく響いたこと。それは、「当事者のカミングアウトはものすごく難しいし、辛いことでもある。リスクもある」ということ。だから、「親は当事者の話をとにかく聞いて」という当事者の声だった。

でもちょっと待って。親の気持ちも聞いてください。

「子供に捨てられる」恐怖

今のアメリカは、子供のカミングアウトに対して、完全に親が子供に合わせなければならない状況になっているように感じる（合わせるのが難しい人は子供の存在を否定したり追い出したりする）。質問は嫌がられ、難しい話をすると文句を言われ、会話を断ち切られる。私には、当事者の面からしか成り立たないこの一方的なコミュニケーションは辛いものだった。

今だから言えるけれど、私には、「アレックスに合わせないと捨てられる」という恐怖があった。これは、若者たちの間で、両親のやり方、考え方についていけない時に、両親と絶縁するという動きが増えてきていると知ったからだ。親の会で初めて子供に絶縁された両親に出会った。そして、私が懸念している「アレックスからの絶縁」と同じく、子供から絶縁されるのでは、と恐怖を抱いている親がたくさんいることを親の会で知り、自分だけではないとほっとしたものだ。

カミングアウトした子供にどこまで質問していいのか。何を聞くと文句を言われるのか。おそるおそる聞いてみては、怒られ、無視され、ということが続けば、聞きたいことを飲み込むしかない。子供に絶縁されたくなければ、親はこの一方的なコミュニケーションを受け入れなくてはいけない。私がそう感じていたようなシーンは多いのではないか。

当事者優先。一番苦労しているのは当事者なのだから、親はとにかく話を難しくするな。できないならばそばにいてもらわなくてもいい――あちこちの当事者コミュニティーから追い出された私が受けたのはそんな印象だ。この印象が間違っているとは思っていない。こう書くと「親の立場しか考えていない」と言われるであろうと思うので、あえて誰にも話していない。

子供にカミングアウトされた時、親としてどう反応するか。一瞬のうちに「子に見限られる」ということもあるだろう。親にとってその理由は思いもよらないことかもしれない。親子のコミュニケーションが大きく揺るがされるのはまちがいない。

アレックスのカミングアウトが私にとってどれだけ厳しいものだったか、どれほど悩んだかは全面的には伝えていない。本を次から次へと読んでいた頃、わからないことが多すぎて、ことあるごとにアレックスに質問していた頃、うんざり、という雰囲気で「もう話変えようよ」と言われてから話せなくなった。

親だって怖いのだ。愛している子供だからこそ、応援したいし理解したいしこれからも親子関係を続けていきたいと思いながら、シャットダウンされる恐怖を抱えてしまうと、親子のコミュニケーションがうまくいくのは難しいだろう。

親子だからこそ、聞けないこともあるし、言えないこともある。それはわかる。お互いにどうしたら今までの関係を保ちながら生きていけるのか。少なくともアメリカでは、カミングアウトされた親は「今度は私たちに合わせて」と言い出した子供に対して、おろおろとしながら合わせているケースが多いような気がする。どうすればいいのか。どうしたらコミュニケーションがうまくいくのか。手探りで開拓中、だが現実は難しい。

お互いに分かち合い、お互いに支えていく社会を作りたい。どちらも絶縁なんて考えずに、カミングアウトから始まる新しい親子関係をこれからの「普通」に私はしていきたいのだ。理想にすぎるだろうか。でも諦めたくない。私たちには対話が必要だ。そして、まだまだ私も学ぶことがたくさんある。子供を理解し、カミングアウト後はどうすべきなのかと必死に頑張ってきた私。子供が言ったことに関して学ぶというのは大事である。

ここで、反省していることが一つある。子供を優先しないと、という気持ちがどうしても先に出て、自分の気持ちをごまかしたり嘘をついたりすることで、私は大きなストレスを抱えてしまった。ストレスで体調を崩し、しばらくＬＧＢＴＱ＋の勉強はストップしよう、考えたくない……と動けなくなっていた時期があるのだ。子供を大事にしたいならば、まずは自分も元気でいないと。私の場合は、とにかく自分に正直でないといけない。自分に正直に。自分に正直になるというのは、必ずしもきれいな話でも簡単な話でもないのだ。

やっと見つけた私に合った親の会

当事者は、どの国にも、どの文化にも、どの宗教にも存在するのだ。当事者の人権と安全に関する法律は、もっとあっていいと思う。でも、当事者に「ママは黙ってて」とも言われたくない。どうにかして当事者の気持ちも親の気持ちも自由に話せる場を作りたいと思っている。そのようなグループが欲しい。アメリカのどこかにはあるはずだ。日本にもあるかもしれない。たまたま見つけたグループが私には合わなかったけれど、どこかにあるはずだ。

それから、私は再び必死になって探しまくった。市役所、NPO、病院、大学などにも手を広げて探した。どこからどのようにつながるかもわからないのだ。ラインを使ってもいいし、フェイスブックでもいいし、アプリでもいい。

最終的に見つけたのはある教会の会だった。キリスト教の一部の宗派ではカミングアウトした子供たちを家族として認めないという残念なところもあるのだが、見つけた教会は、「ここは安全です。あなたなりに生きていけばいい。私たちはあなたたちを全面的に応援します」と堂々と言っているところだった。この教会の中に「LGBTQ+の子供を持つ親の会」があったのだ。ゲイの子、トランスの子、まだ自分がなんだかわからないクィアの子、そしてノンバイナリーの子などいろいろな子供を持つ親が入っていた。さっそく連絡を取り参加できるか問い合わせた。

この親の会の担当者は「喜んで！」というメッセージを送ってくれた。ここでまた、私の目には涙。この人たちこそ私の気持ちがわかるだろう。ここの人たちには何を言おうと怒られない。私の感情を否定されない。

毎週1回集うこの会は、親が交代で自由に子供のことを話す。「娘が息子になったのだが、まだメイクをしてスカートをはいている。お前は男になりたかったんじゃあないのか。ならばなぜ化粧とスカートなんだ。ならばなぜ髭を生やすんだ。髭は男の象徴として生やしたいんだろう。それなら、化粧する必要もないだろう。どっちなんだ、お前は」と泣きながら話すお父さん。このお父さんに対して、「子供に合わせなさい」とは誰も言わなかった。「辛いね、それ」と言う親。「私たち、まだわからないことだらけよね」と言う親。「どうしてもっと自分が考えていることを、思っていることを説明してくれないのだろうね」と共感する親。このような経験をした親にしかわからないこの気持ち。誰も他の親に説教しない。支え合うのがこのグループだ。

次の週は娘から息子になった子供を持つお母さん。まだ全部の手術を終えていないので、生理がきてしまったらしい。「息子に『ママ、生理になっちゃった、アレ貸して』と言われて、笑いと涙を堪えなければならなかった。まさか、息子にナプキンを渡すなんて思ってもいなかった。でも、よく考えると、ナプキンを買わないのが彼の『これからの普通』なのね。彼は自分を男と思っているんだから」と言っていた。確かに珍しいというか興味深い話だと思う。笑いと涙を堪えるという気持ちもわかるような気がする。

両胸を切除した子供を持つ親は手術後のケアについて、これから子供の手術を控えている親に説明する。アドバイスもするし、質問や悩みについてじっと話を聞く。それぞれ懸念していることや悩みなどが違う。

アレックスは女性の体になりたいわけではないらしいので、私の場合、そのような手術の心配をする可能性は少ない。でもこの親の気持ちがわからないわけではない。子供が変わる。今までとは全く違う子供が、目の前に現れる。それは、手術の有無とは関係ない。育ててきた子供とは違うジェンダー・性別の子供が現れて、「普通」の定義を変え、親たちはそれに必死になってついていこうとしている。それぞれ状況も違うし、子供の年齢も違う。共通しているのは子供への愛だ。愛《いと》しい我が子たち。子を捨てるなんて気持ちなど一切ないからこそ悩むのだ。

この会で学んだことで、とても重要な情報があった。

2015年のUCLAウィリアムズ研究所の調査データ*によると自分をノンバイナリーだと言っている人の約4割が自殺を考えたことがあるらしい。この会の親も、自分の子供へのハラスメントや差別を懸念すると同時に、子供のメンタルヘルスも大変気にしている。親に心配させたくない、迷惑をかけたくないと思っている子供も多い。また、ホルモン治療や手術などをするとなると、アメリカでは保険が使えないので、最終的には親がすべてを支払うことになるケースがほとんどだという。結構な大金らしい。手術のコストは子供から親への負い目の一因となり、子供たちの精神状態を不安定にさせる要因でもあるらしい。一番安全であるはずの家がそうではない場合は、より子供たちのメンタルヘルスが危うくなるようだ。このようなデータを知っている親たちは、自分の子供の安全はもちろん、周りにいるＬＧＢＴＱ＋やノンバイナリーの若者たちにも一生懸命気配りをしているのだ。

私の経験では、先にカミングアウトした子供を持つ親が、今悩んでいる親に対して「大丈夫だから」と言ってあげることの効果は絶大だ。

親たちは一人で悩まなくてもよいとわかった時、どれだけ嬉しかったか。どれだけ気持ちがスッキリしたか。最初に入った会が、私に全く合わなかった時は、かなり落ち込んだ。でも、私の求める会が、必ずどこかにあるはずだと信じて諦めずに探したことがよかったのだと思う。このような会が近くにない場合は、自分で作るという勇気もこれからは必要なのかもしれない。ＬＧＢＴＱ＋やノンバイナリーの当事者を支える、応援する、守る人のことをアライということは前述した。今までは当事者である子供のアライになるために、私は必死で頑張ってきた。

でも、親にもアライは必要なのだ。

私だって味方は欲しい。私の気持ちに「わかるわ〜」って言える人、言ってくれる人が必要なのだ。だからこそ同じ体験をした親同士が集まり、自分の子供に関する質問や悩みを共有し、

＊Bianca D.M. Wilson, Ilan H. Meyer, “Nonbinary LGBTQ Adults in the United States”, UCLA Schools of Law Williams Institute, June 2021

支え合うグループの存在は、これからもっともっと大きくなるだろうし、数も増えると思う。これは国籍も文化も関係のない話だ。ＬＧＢＴＱ＋やノンバイナリーの当事者はどこにでもいるということを認識したら、その当事者を支えるアライ、そしてそのアライを支える人が、どんどん増えてくるのではないだろうか。そうして、これからはすべての人々の中でジェンダーに関する理解と支えとが広がっていくとよいのだが。

アレックスが最近、言ったことがある。

「ＬＧＢＴＱ＋やノンバイナリーの当事者がセラピストや医者になることも、これからもっと増えてくると思う。今まではカミングアウトしづらかったかもしれないけれど、これからはカミングアウトするのは『変な人』じゃなくて、周りにいる普通の人なんだ。これが現実になってくれれば、次の世代に期待してもいいのかなと思うようになったよ」

確かにＬＧＢＴＱ＋やノンバイナリーのカウンセラーや医者が普通に社会にいると、当事者はもっと話しやすくなるだろう。そして自分のことを〝特別〟だと思わなくなる。そういう社会になればいい。

じいちゃんと孫、死の間際の交流

２０２３年秋。父が倒れた。

母が病院から電話で状況を説明してくれたが、「これは危ない」と感じた私は次の日に実家がある中西部に飛んだ。

父の癌が再発し、結構な勢いで身体中に転移していると医者から説明を受けた。肺炎も発症している。数日後には弟がやってきた。その数日後に義理の妹もきた。父はどうして私たちがわざわざ来たのかがわからないようだ。自分は全く死ぬ気がないらしい。

2週間後に肺炎は治ったが、医者から「もう何もできない」と言われ、あと数週間、長くもって1カ月だろうと言われたのを父にも伝えた。それでも、父は「いや、死ぬつもりはない。まだまだやりたいことがたくさんあるし」と言う。頑固な口調は変わらない。

その後、父はホスピス施設に移った。アレックスとデヴィッドにも来てもらうことにした。続けて弟の娘二人が来る。父は家族全員が集まると知り、自分の病状の深刻さに気づき始めたようだ。

アレックスとデヴィッドが来る前日に、私は父にこう言われた。

「アレックスに何と言えばいいかわからない」

さすがに私もどう答えたらいいのかがわからなかった。

「会いたくないっていうこと？」と聞いた。

「違う。愛してる孫だ。ただ彼に何と言えばいいのかわからないんだ」

父はアレックスのことを〝彼〟と言った。私はあえて指摘しなかった。死と向かい合っている父に対して代名詞の話をしている場合ではないと思ったのだ。

父もアレックスがカミングアウトしたことは母から聞いている。けれど私は今まで父とこの話をしたことはなかった。

「パパ、もうパパは長く生きられないってわかってるわよね」

父がそんなふうに言われたくないとわかってはいたが、私は頑張って伝えるしかないと思った。

「これがアレックスに会う最後の機会になるんだから、パパの心の中にあることを正直に言ってもいいんじゃない？」

今言わないと、言わないで亡くなることになる。何かを抱えたまま逝ってほしくなかった。

父は泣いた。私も泣いた。父は頷いた。ちょうどいいタイミングで看護師さんが来て、「マービンさん、何か欲しいものはないですか？」と聞いた。なんて運のいいことだろう。私も父ももうこの話はしたくない。ちょうどどう話を変えようかと考えていた時に看護師さんが現れたのだ。天使なのか、この人は。本当に嬉しかった。

父は「アイスクリームが食べたい」と彼女に言って笑った。

「何味にする？」と訊ねる彼女に、「サプライズ」と、父は彼女に選んでほしいと言った。

アレックスとデヴィッドは父の具合に配慮をして、病室を出たり入ったりしながら2日間を一緒に過ごした。私は二人を空港に送る時にアレックスに聞いた。

「おじいちゃんとお話しできた？」

アレックスは頷いた。

「聞いていい？　何て言ったの？」

「それはじいちゃんと自分の間の秘密」とアレックスは答えた。

父は子供に何と言ったのだろう。父はアレックスを傷つけるようなことは言っていないと信じたい。いや、これは私の勝手な想像であり、自分にとって都合のいい考え方かもしれない。でも、最終的にはきっと父はアレックスを受け入れたと言ったのだ。そう信じることにした。

夫・デヴィッドの思いを知る

私はアレックスの二度目のカミングアウトの後、デヴィッドとほとんどこの話をしなかった。今から振り返ると、「あれはなぜだったんだろう」と思う。

彼と話をしていたら、もっと早く私もいろいろなことに納得できていたかもしれない。また、彼に私の心の中のモヤモヤを説明していたら、親の会を見つけるまで一人で悩む必要もなかっただろう。

自分がなぜこのような行動をとったのかわからない。

仲のいい夫婦であるからこそ話せたはずなのに。パートナーがいるなら二人で悩んだ方が一人で悩むよりもずっといいと思う。なぜそうしなかったのかは説明できないが、これは私の大きなミスだと思う。

デヴィッドにこの本を執筆している話はしてあった。時々、書斎から泣きながら出てくる私を見て、「大丈夫か、辛そうだな」と聞いてくれたが、私は常に「大丈夫」と嘘をついてきた。なぜ嘘をついてきたのか、これも説明できない。彼に話していたらどれだけ私は安心していられたか。どれだけ悩まなかったか。どうして一人で頑張ったのか。答えは出せない。

本を書き終える直前に、いい加減自分に腹が立ち、「ねぇ、話があるの」と彼の書斎のドアをトントン叩き、彼の書斎にある椅子に座って彼を見た。

「なんだ、真剣な顔して」と彼は言った。

「アレックスのことについて話がしたいの」と私は返した。

デヴィッドは大きなため息をついた。

「だよな。俺たち、アレックスがカミングアウトしてから、お互いが本当はどう思ってるかなど話してないよな」

「そう」と私は答えた。そう答えたものの、ここから何と言えばいいかがわからない。

「何か言いたいことがあるのか？」とデヴィッドが言う。

彼に〝話がある〟と言ったのに、何も出てこない。どうしたの、エイミー。私は数分間考えた。数分間の沈黙は長い。

「なら、俺から話すよ」と言った夫に、急に感謝の気持ちが溢れ出てきた。私は泣き出した。

「君は本当に頑張ったな」とデヴィッドが言った。

私はもっと激しく泣き出した。

「寝る前に毎晩一人で本を読んでる姿を思い出すよ。何冊読んだ？　何カ月も続いたよな、君の必死な勉強。本がベッドサイドの小さなチェストの上に何冊も積まれていたのも覚えてるよ」

彼は立ち上がり、私のところに来てハグした。私はさらにもっと激しく泣き出した。

本当にたまっていたんだ。この複雑な気持ちをどうしてもっと早く彼と話さなかったんだ。自分でもわからない。

彼から離れ、彼の顔を見上げた。

「どうしてあなたは悩まなかったの？　どうしてアレックスのノンバイナリーだって告白や、定義を変える、女性の恰好をするっていうライフスタイルをすんなり受け入れられたの？　私がこんなに悩んでいるのにあなたは全然悩んでいるような感じがしなかった。そのことが私はいまだに理解できないの」

デヴィッドはまた大きなため息をついた。

「そこは君が勘違いしてるよ」とデヴィッドは言った。そして、「座ろう。これは時間がかかる話だから」と彼は机の前にある椅子に腰かけた。私はいつも猫のバットマンが寝ている椅子に座った。

「覚えてるかな、君が東北の復興活動をしていた時。ある日、陸前高田市役所から戻ってきて『市役所のスタッフに、カウンセリングなんて余裕がないからできないと言われた』と半分怒って半分呆れていた時の話」

「覚えてるわ」


日本の地方に生きる人は、都会に暮らす人とは異なる価値観を持っていると知らないまま、私は被災地に入った。何度もカウンセリングを勧めたけれど、みんな嫌がって、みんなが断ってきた。家族を失い、家も失い、街も失うという大変な経験をしたのに、メンタルヘルスケアに少しも興味を持たず、やらなくてはいけないことに対しても「そんな余裕がない」と言われたこともあった。

デヴィッドは続けた。

「その時、俺は初めて『余裕』という言葉を知ったんだ。君に説明してもらったよな、その言葉の意味は。アレックスのカミングアウトに関しては、俺は単純に考える余裕がなかったんだ」

わからない。彼の顔を見つめるがわからない。顔に答えが書いてあると思っているのだろうか、私は。

「エイミー、君が2017年に倒れた直後に、俺の母が癌になったよな。君も医者に『死ぬかもしれない』と言われた。母も長くないって言われたし。そして、君にも看病が必要だった。その時、俺はものすごく怖かったし、君もめちゃくちゃ怖かったと思う。エイミーのお母さんに来てもらって看病したんだよな。あの時は俺たち本当にみんなで頑張ったと思う。いまさらだけど。そして、俺の母親の死期が近づいていて、アメリカと日本を行き来して交互に介護をしたよな。その後、母は亡くなり、君も治療を続けていたが、副作用に苦しんでいた。今度は俺の父が倒れた。そして、その直後に亡くなった。少しは落ち着いたかと思ったら今度は新型コロナウイルスだ。君の主治医からは『コロナにかかったら危ない』と言われて、またパニック状態になった。そして、結局日本を去ることにした。君が久しぶりにアメリカという母国でゆっくり生活ができると安心していたら、今度はアメリカの政治状況が大混乱だ。そして引っ越し、二度引っ越し、そしてまた引っ越し。そうしたら今度はアレックスがカミングアウト」

　ここで再び深呼吸してデヴィッドは続けた。

「余裕がないという日本語は、俺にとってその時の気持ちにぴったりだったんだ。アレックスは大人だ。医者からは死ぬかもしれないと言われていた君、死んでいく両親、そして、コロナにかからないようにと必死で、二人で外に出ない生活が続いていた。本当にアレックスのカミングアウトどころじゃなかったんだ」

　私は言葉がない。

「君の身体はガタガタで、出勤して仕事ができるような状況ではなかった。だから俺が稼ぐしかない。もう本当に俺もストレスでいっぱいだった。アレックスは別に病気でもなんでもない。俺にとってはカミングアウトしただけって感じだったんだ。ほっといてもいいのはアレックスだけだったんだよ。わかるかな、俺の言ってること」

またしばらく沈黙が続いた。

「君が悩んでいたのはわかっていたさ。でも、君も鋭い感覚を持っている。深く考えることもできる。必死だったよな。頑張っているのがかっこいいとも思った。でも、正直、君は君なりに頑張ればいいと思ってた。本当に俺には『悩んでいる』と言う余裕がなかったんだ。今からこう説明されても意味ないかもしれないが、これが俺の本音なんだ」

私は、アライ

アレックスのカミングアウトの2年後に、初めて本格的に夫とこの話をした。

彼からの言葉に感謝する反面、相当なショックも受けた。周りのさまざまな事情に配慮していかなくてはいけなかった夫。すさまじいストレスだったと思う。そして、私の精神状態と健康状態を常に考えてくれていたのだろう。その結果、彼はアレックスのことに関しては〝後回し〟にしたのだ。

「君は俺に謝ろうと考えているよな、エイミー。俺が今言ったことに対して」

本当に私をよく知っている夫。私は頷いた。

「謝る必要なんてない。俺が謝らなきゃいけないんだ。君が悩んでいると知っていて放っておいたのは俺の方なんだから。ごめんな」

また私は泣き出した。デヴィッドは立ち上がり、私の手を取り、またハグしてくれた。

「この話も本に書けよ。俺たちがここ数年間のうちに、このことについて話し合っていたら、お互いにどれだけ安心できたか。それは重要なことだと思う。俺たちのこの後悔を人に知ってもらうのはものすごく大事なことだ。書けるか、この話」とデヴィッドが聞いた。

書けるか、エイミー。頷こうとした私を私が止めた。

これは決して美しい話ではない。

私も夫も大きなミスをした。恥ずかしいミスだ。そして悔しいミスでもある。私たちらしくないミスだ。私たちは決して難しい話を避けるタイプの人間ではない。だからここまで長続きしたともいえるし、今でも仲がいいのだとも思う。では、なぜ意図的に二人ともこの話をしなかったのか。

夫は〝余裕がなかった〟と言っている。私の理由は何だ？

私はどこかでデヴィッドに対して、ひどくプレッシャーをかけていたことはわかっていた。それを私も和らげることができなかった。

理由？　私は私なりに必死だったのだ。もっとカッコいい回答をしたいのだが、できない。

私は私なりに必死だったのだ。

ミスである。確かにミスである。

このミスを、この事実を人に知ってもらいたい。同じようなミスをしてもらいたくない。

書けるか、エイミー。書ける。恥ずかしいが書ける。本当に？

うん、書ける。そして、書いた。


私の本音がこの本に詰まっている。本当に、本当に、数年ぶりにスッキリした。

デヴィッドに言ってよかった。このことを書いてよかった。

いろいろな人に知ってもらいたい。当事者には親の気持ちを。親には周りに味方がいることを。なかったことにしないで、ではなく、思いきって問題に向かっていく。簡単にできるとは思っていないが、これがこれからの私たちの新しい生き方になっていくのではないだろうか。

私もまだわからないことだらけだ。でも、子供も、当事者の親と家族やその友達も、これからもっともっと応援していきたい。


いや、応援する。

私はアライ。当事者の母親。

これが私の生き方。

第６章

ノンバイナリーの仲間との出会い

ノンバイナリー当事者に話を聞きに行く

２０２４年、春。私はまだ執筆している。

前章ラストの「アライ宣言」で執筆を終えられたら恰好よかったのだけれど、そうはいかなかった。

本書の原稿を読んだ編集者から、厳しい指摘があったのだ。

「読んでも、ノンバイナリーとは何かがまだよくわからない」と言われたのだ。

私の理解したことと資料や書籍から得た情報を必死に、精一杯書いたのに。また、アライの会で教わったことや経験したこともわかりやすく書いたつもりなのに。どうしよう。どうしよう。どうしたらわかってもらえるのか。私は、心の中と頭の中をもう一度整理しようと試みた。そして、ようやくたどり着いた答えが、「私自身が混乱しているのだ」ということだった。

自分が混乱していれば、人に伝えることなどできるわけがない。自分がここまで混乱しているのが悔しい。どうしてこんなに混乱しているのか。どうしてすんなりとアレックスのことを受け入れられないのか。どうして、私は〝理解したい〟にこだわるのか。

そして、やっと気がついた。今まで私はアレックスのカミングアウト後の人生を慮《おもんぱか》って、勉強をしてきた。でも、それだけでは自分の殻から抜け出せないことが、実感としてわかってきたのだ。今まで、アレックス以外でノンバイナリー当事者だという人とじっくり話したことがなかった。もっと多くの当事者の声を客観的な立場で聞きたい。もっと多くの当事者の親の声を客観的に聞いてみたい。そういう想いが日に日に強くなっていった。

アレックスも言うように、ジェンダーマイノリティーの中でもノンバイナリー当事者は特に個別でさまざまなケースが存在しているということはわかる。それならば、まず他のノンバイナリー当事者やその家族の話を聞くことにしようと決めた。私は思いきって友人50人に連絡を取り、「私の第二の故郷である日本で、これから日本でも増えるであろうノンバイナリーの子供たちによるカミングアウトに関することを、自分とアレックスの経験をもとに日本語で書いている。でも、もっといろいろなノンバイナリー当事者とその家族の話を聞きたいので、インタビューに協力してくれる方がいたらつないでもらえないでしょうか」と訊ねたのだ。すると、すぐに数人の友人から返事が来た。その反応の速さと反響に驚きつつ、全く状況の異なる三人のノンバイナリー当事者やその親から話を聞くことができた。

アリアナ――4歳の子供が描いた1枚の絵

最初に話を聞けたのはアリアナ。彼女の子供が4歳の時に、〝他の子供とは行動が少し違うのではないか〟と気づいたが、特に対応を変えずに生活を続けていた。その後、子供の話し方が徐々に荒っぽくなり、毎日泣いているのだけれど、理由を聞いてもなぜ泣いているのかは説明できない。また、パパやママをやたらと叩くようにもなった。この4歳の我が子の、なんらかの大きなフラストレーションを解消してあげたいと考えたアリアナは、子供をカウンセラーのもとに連れて行った。

そこで子供は「自分がわからなくなった」と告白したのだ。カウンセラーから、「あなたの絵を描いてみて」と言われたその子は、体の真ん中に上から下まで線を引いて、「こっち半分は女の子、こっち半分は男の子」と、自分の描いた絵について説明をした。そしてこの子供は、それから1年後の5歳の時にカウンセラーと一緒に、自分はノンバイナリーだとカミングアウトしたのだ。

アリアナが、子供がその時に描いた絵を見せてくれた。

その絵を見た私は、あまりに素直な表現力と説明に感動するとともに、胸が塞がれるような思いがして、号泣してしまった。

画用紙には一人の子供が描かれている。その子の身体を上から下まで真っ直ぐな線が左右に分断している。右半分は、黄色いお花のデザインが入ったTシャツとピンクのスカートをはいている。左半分は、淡いブルーのTシャツに黒いショートパンツ。子供の背景は、右半分が赤、左半分が青に塗り分けられている。洋服でわからない人もいるのを心配したかのように。

「私、両方だから！」と、今まで上手に説明できなかった自分を堂々と表現したのがこの絵。カラフルな色とスタイルを工夫しながら描かれたこの1枚の画用紙に自分自身が詰まっている、この子の純粋な気持ち。たった5歳の子供がこの絵を描いたとは。

安全と思えない場所では学べない

生まれた時には女の子の名前をつけ女の子として育てていたその子は、カミングアウト後に名前を変えたい、これからは、「カイ」と呼んでもらいたいと言ったそうだ。それを受け入れたアリアナはその後、子供の心身の成長過程で、メンタルヘルスには特に気をつけたという。大変な思いをしたのは、主に教育の現場においてだった。

カイが小学校に入学する時に、アリアナは地域の教育委員会、校長、教頭、担任の先生にすべてを説明してカイが安全に学校生活を送れるように交渉したという。

「4歳の時からカウンセリングに行っているカイは、絶対に自分の生まれつきの名前を使わないで、と私と夫に強く要求しています。我が子の精神的な発達を考えると、そして、学校は安全なところだと信じてもらうには、学校側もカイと呼んでもらわないと困ります。そして、カイは使えるけれども他の子供は使えないトイレを一つ選んでください。体育や課外活動などで着替えが必要な場合も同様にスペースを確保してください。カイが自分の体を嫌がらないように、そして自分のプライバシーと安全が保たれるように。これはお願いではありません。この学校でそれができないと言うなら、改善を求めて市役所にクレームを伝えに行きますので」

「こうしてください」ではなく、「こうしてくれないと困る」と強く交渉したアリアナは大したものだと思う。自分の心身の安全を感じられない場で安心して伸び伸びと学べるわけがない。それはジェンダーマイノリティーに限った話ではない。そう言われてみると、簡単に〝なるほど〟と思える。

学校では男の友達とも女の友達とも仲良く遊べる子供だったのだが、最初に問題が表面化したのは2年生の時だった。担任教師が休み、代理教師が授業を行った日のこと。その先生が預かっていた生徒の名簿にはカイの本名が書いてあったそうだ。カイの名前についての申し送りはされておらず、子供を本名で呼んでしまった。

カミングアウトにあたり名前を変えた場合、昔の名前のことを英語では「デッドネーム（dead name）」という。死んだ名前なのである。「もうその人はここにはいません。いるのは私です。私の名前はカイだから、その名前を使ってください」とは、2年生の子供には言えなかった。

その後、名前が違うということでいじめが始まった。

毎日泣く子供を見てアリアナは、カイを転校させることに決めた。しかし、転校させるということは、また一から学校側に説明をしなくてはいけないし、また何かの時に前の名前を使われる可能性もある。それでも一応は転校させたのだが、次の学校にはうまくなじめず、最終的にあるオンラインの学校を選択したのである。

スキンヘッドとボブ――「これが、私」

転校直後、アリアナは、カイにせがまれてヘアスタイリストのところへ連れて行った。そこでカイは、頭髪の右半分をスキンヘッドに、左半分をボブスタイルにして、とスタイリストにリクエストしたのだ。

「鏡に映った完成したカットをカイは30分近くも見続けて『これが私』と何度も繰り返して言ったのよ。本当に嬉しそうな顔で。あの日のことは一生忘れられないわ」とアリアナは言った。

このオンラインの学校は、さまざまな理由で学校に行けない子供たちのための安全な場所だ。

カイはここで新しくできた友達と仲良くしているらしい。「だんだんと家でも落ち着くようになってきたのよ」とアリアナは涙ぐんで話してくれた。

ずっと話を聞いていた私は、一つだけアリアナに質問をした。

「アリアナ、あなたの話にはあなたの夫が出てこないのだけれど、彼はどう思っているの？」

アリアナは、苦笑いをしながら「頑張ってくれてはいるのだけれど……まだ難しいみたい」と答えた。

そして、「子供の描いた絵は、私の宝物。どうして幼い子供があんなに的確な表現ができたのかはわからないけれど、私の役目は母親として子供の味方になること。確かに辛いこともあるけれど、子供を見ていると本当に愛情しか感じないわ」と言った。

30歳でカミングアウトをした子供を持つ私とアリアナは全然違う経験をしている。経験は違っても、気持ちはお互いわかり合える、と改めて感じたひと時だった。

タイラー――「本当は女になりたかった」

次に話を聞けたのは、ご近所に住んでいる23歳の人。数カ月前にトランス男性と結婚をしたばかりだそうだ。このパートナーは子供の頃からの親友で、子供の頃は女の子同士として友情と愛情を育み、大人になってからもその関係をキープできるように意図的に今の形を選んだのだという。

タイラーという今の名前は、夫がつけてくれた。アメリカでタイラーという名前は、男性の名前だ。「夫が決めてくれたのだから、これでいいのよ」と、タイラーは言った。

タイラーがノンバイナリーという単語を初めて知ったのは13歳の時だったそうだ。当時付き合っていた16歳の女の子が「私、ノンバイナリーなんだ」と言ったのだ。その時の説明を聞いたタイラーは、瞬間的に「それって、よーくわかる」と気づいたという。結局、16歳の彼女とは長続きはしなかったけれど、その子がタイラーの人生に残した影響は大きかった。

タイラーの話で一番驚いたのは、「私はノンバイナリーだけれど、本当は女になりたかった」という話を聞いた時だ。

ノンバイナリーと自覚する前のタイラーは女性。え？　あなたはもともとは女性だったのでしょう？　ノンバイナリーとして生きる今、その気持ちの真意はどういうことなのか？と聞きたかったが、私から質問はしないでタイラーの話を聞くことにした。

タイラーは、「私はピンクが好きで、私を見た瞬間、誰からも『この女性は完璧な女性』と言ってもらえるようになりたいの」と言った。それならばなぜ、ノンバイナリーなのだろうと私は思ったが、今まで聞いたことのない考え方だったので、静かに聞いてできるだけ吸収しようと努めた。タイラーの心の中にはまだ流動性があるのかもしれないと私は感じた。

「ジェンダーなんてすぐに決めなくてもいいの。いつか全部きれいに片がつくから」

タイラーは言う。羨ましい考え方だ。どうしてタイラーのように私は考えられないのだろう。「あなたが今書いている本ってものすごく大事なの。私たちは自分の気持ちを世界に知ってもらいたい。そして、受け入れてもらいたい。必死なのよ。大人の中には全く私たちに興味がない人が大勢いる。その人たちが少しでも受け入れてくれるような本をあなたが書いてくれている感じがしている。ありがとう。本当にありがとう」と別れ際にタイラーは微笑んだ。

〝完璧な女性になりたいノンバイナリー〟。

私にはタイラーのことがすべてがわかったわけではない。それでいいのだ。タイラーはタイラーだから。そのまま受け入れる。タイラーとの対話ではっきりしたのはこのことだった。理解にこだわるのではなく、素直に受け入れる。あらゆる面でこの考え方が世界を変えるのではないかと思い始めている。

サニー――「理解できなくても、やるか、やらないか」

三人目に話を聞いたのは友達の友達、サニーというノンバイナリーの当事者だった。サニーは実名で、もし自分のことを本に書くのであれば、実名を使ってほしいと言われたのだ。「名前が私の仕事に大きく影響したため」だという。その場では理由がわからなかったが本人の希望なので、そうすることにする。

限られた時間の中で、サニーに何を話してもらえばよいのか。サニーとのインタビューでは、思いきって私の知りたいこと、私の悩みをぶつけることにした。ノンバイナリーであるとカミングアウトした子供の話から始まって、包み隠さずにわからないことだらけだと話をしてみた。テーブルの向こう側に座っているサニーの表情がくるくると変わる。私がいろいろな話をし終えたところでサニーが話し出した。

「真っ先に言いたいのは、あなたの家族が愛情で溢れているということが痛いほどに伝わってきたこと」と言った。そしてサニーは涙ぐんだ。「私の生い立ちには愛がなかった。愛がなかっただけでなく、辛いことが多すぎた」と言った。

「私は今年で39歳。ノンバイナリーとカミングアウトしたのは6年前だった。それまでは、自分のジェンダーがしっくりくるカテゴリーを見つけられなくて、やっとたどり着いたのがノンバイナリー。カミングアウトしたのは、友達と職場ね。父は数カ月前に亡くなって、母にはまだカミングアウトしていない。今は、ノンバイナリーの友人やLGBTQ＋の友人、そしてパートナーと毎日を楽しく生きている。ここまで来るのに時間がかかったけれど、今は大丈夫」とサニーは言った。私が知っているノンバイナリーの人の中では、サニーが最年長だった。

サニーはさらに話を続けた。

「私は今、母親と仲良くなりたいの。このことにエネルギーを集中している。子供の時は、母が外で働いて父が家で家事をしていたこともあって、いつも家にいなかったから、少しずつ距離ができてしまって。彼女の考え方や大事にしているものは私と正反対。ここからどうやったら、仲良くなれるのかはまだわからない。私は今度の秋までに両胸を手術しようと思ってる。11月の母のバースデーまでには手術もすべて終わっているはず。そうなると、母も私の胸がなくなったことに気がつくだろうし、それをきっかけに徐々に話をしていこうかと考えている。うまくいくかは全くわからないけどね」と、サニーは言ってまた涙ぐんだ。

「話を変えるね。私はいまだにノンバイナリーでもしっくりこない時があるの。まずノンから始まるのが嫌なの。否定する言葉から始まる単語って直感的に好きじゃない。そして、バイナリーって〝あれか、これ〟っていうことよね。二つしかないじゃない。私は自分のジェンダーを二つの選択肢に決めつけられているようで好きじゃないの。だけど、他にピンとくる言葉もない。いや、私が出会っていないだけかもしれないけれど。

　さっきあなたの話を聞いていて強く感じたことがあるの。それはコミュニケーションの重要性について。あなたの家族はみんなとてもコミュニケーションを大事にしているということがわかって、ただただ羨ましいわ。相手の話を聞きながら説明や分析を交えて、うまくコミュニケーションができると、思い込みや決めつけられがちなジェンダーに関するグラデーションが受け入れられるようになると思う。このコミュニケーションがうまくできるかどうかが私の考えるキーポイントね。でも、コミュニケーションがうまくいっても、必ずしもすべてのことがお互い理解し合えるとは思わないけれど、少なくとも話し合わなければ何も進まない。これがとても大事だと思う。そう考えるからこそ、これからの私と母の対話はとても大事なことだと思う。

そして、あなたたちの年代の人にもいろいろ知ってもらいたい。これからは、政治家や医者、大学教授や学校の先生、音楽や映画など、いろいろな業界で私たちのようなアイデンティティーを持つ人たちの場所を考えていかなければいけないと思う。そのきっかけを、私たちが発信するから、どうしても実現してほしいの。これからはあなたたちのような年代の人の行動力がものすごく大事。これはわかっている？　私には、あなたはわかっているような感じがする」

「私たちでさえ、わからない」

私がどう答えればよいのか考えている間に、さらにサニーは話を続けた。

「これは初耳かもしれないけれど、私も、私の周りの当事者たちも、今でも自分のジェンダーとかアイデンティティーとか自分が何者なのかとか、今でもしっくりこない時があるの。知らなかったでしょう」

半分笑っているサニー。

「私たちの間でさえ意見の統一がないんだから」

私は「え？　そんな話、聞いたことがないわ」と素直に答えた。

するとサニーが「ノンバイナリーの当事者の間でさえ定義がわからなかったり、定義や意味や考え方が違うのよ。集まっては『こうでしょう』『いや、違う』が絶えないのに」と言った。

今度は私が涙ぐんできた。そして、笑い出した。

「サニー、今の話、私が一番引っかかっていた『定義が一人一人違うということ』についての最強の答えだわ。これってもうこれ以上深く考える必要がないってことなのね。あなたたち当事者の中でもまだ定義云々という話をすると聞いて、ちょっと嬉しいかも。『私たちでさえわからないのに』って私にとってはパワフルな言葉だわ。本音は、『もっと早く言ってよ！』と誰かに愚痴っておきたいけれど、今日のあなたには『心の底からありがとう』が一番。本当にありがとう。今の話はすごく大切なことだと思うわ」

「もっと簡単にしてあげたいんだけれど、その方法がまだわからない」とサニーは笑った。

そして、私の手を取って「頑張ったのね」と言った。私は「うん。頑張った、今も頑張っているし」と答えると、「それはよーく伝わってくる」と言ってくれた。

どうしてもっと早く他のノンバイナリーの人の話を聞かなかったのだろう。聞いていれば私の気持ちの中の混乱は、もっと早くに解決できていたのに。自分でも呆れてしまった。でも今まで余裕がなかったのも正直なところだ。

そして、アレックスも言っていた〝定義は人それぞれ、人の数だけあって当たり前〟ということがようやく腑《ふ》に落ちた気がする。こんなふうにスッキリした気持ちになったのはとても素晴らしいことのように思う。

「サニーっていうのは、一般的には男性の名前よね。だから、就職する時、面接まで私が男性ではないと誰もわからなかったのよ。面接で初めて私と会って〝男性でないから雇えない〟というのは差別だということは人事の人たちはわかっているので、とりあえずは就職するのだけれど、だんだん職場で孤立していくというか、仕事が減らされたりするハラスメントもあって、4年間で3回も転職したわ。私の名前がもしジュリアとかキャシーだったら面接までたどり着けなかったかもしれない。私は今の職場の人たちにはカミングアウトしているけれど、それも名前の混乱があったのが、少しは有利に働いたのではないかと今では思っているの」と、サニーは言ってから、さらに話を続けた。

「私の上司はヨーロッパの人で、名前にアクセントがついているのね。英語ではあまり使わないアクセント表記。ドイツ語とかフランス語にはよくあるよね。私はこのアクセント表記『アクサン』はどうやったら出てくるのか、どのキーボードを押せばいいのかすぐに調べて使い始めた。ジェンダーについても同じだと思う。〝こう呼んで〟と言っている私たちをいちいち理解しなくてもいい。できないのならば仕方がない。できるならばそれでよし。これが一番正直な気持ちかな。さらに言うと、できる、できないの話ではなく、やるか、やらないかだね。そういうことを全くわかっていないのが、中高年の人たちかもしれない。あなたはそれをやろうとしてものすごく悩んだいい例だと思う。苦労をしたけど、いや、まだしているけれど、私たちや子供たちを切り捨てない。この行動が一番ノンバイナリーの人たちに響くと思う」

〝切り捨てない〟という課題と大きなリスク

その時、サニーには言わなかったが、この〝切り捨てない〟という言葉の中に私の一番大きな課題があると、はっきりわかった。今後はそれと向かい合おう。

「あなた、自分がすごいことをしているってわかっている？」と別れ際にサニーに聞かれた。ほめられるのが苦手な私は、一瞬、笑ってごまかそうとしたけど思い直して、サニーと向き合った。

「この本の内容は想像もしなかった出来事を経験した私の悩みを正直に綴ることで、他に同じような体験をしている親が少しでも……」と話し出した私を遮って、サニーは言った。

「違うのよ。あなたのとっている行動は、大きなリスクを抱えているってわかっている？　性自認の話は丁寧に書いても誤解されやすいし。当事者以外の発言は厳しくジャッジされるし。今の風潮として誰もできないこと――当事者に対して対話を求めて疑問を投げかけるってことは、結果的に当事者を攻撃していると受け取られるおそれもある。それに、受け入れられなかった親の気持ちを正直に書けば書くほど、当事者を傷つける可能性もある――あなたが、第二の故郷の日本の親のために書いているということはわかるけれど、ぜひ英語でも書いてもらいたいわ」

「それは無理」と答えた私に、「そうよね。残念だけれどわかる」とサニーが言った。アメリカでは、いや欧米では、こういう気持ちを表に出すと、〝出る杭《くい》は打たれ〟思いきりインターネットで叩かれるのだ。今のサニーの話を聞いてやっとわかった。今度は私が理解されたと感じた。何者なのだ、サニーって。

「サニーもすごいことをしてきてるよ。そして、これからお母様との新しい信頼関係を作ろうとしているんだから。その勇気もすごいわ。とにかく自分を大事にしてね」と私は言った。

「アミアもね。今回の本がどこまで日本人にわかってもらえるかは、私にはわからないけれど、今までの〝それはタブー、言っちゃダメ〟ということをあえて書いているところがすごいよ。疲れるでしょう?」とサニーは言った。

「いろいろと行き違いも多いけどね」と答えた私に、「それは当たり前でしょう。おそらく日本ではアメリカほどノンバイナリーに関しての話は浸透していないだろうし。でもね、その行き違いやすれ違いも含めて、自分の子供のカミングアウトについての疑問、悩み、愚痴、混乱を書いて残すことはとても重要」と、サニーは答えた。

最後に大きなハグをした。サニーはなかなか私を離さない。友達にヘルプコールをして出会えたサニー。再び会えるかどうかはわからないけれど、この貴重な出会いを私は一生忘れないだろう。

二人のノンバイナリー当事者と一人のノンバイナリーの子供を持つ母親の話を聞いて——たった三人の話だから大きなことを言うつもりはないけれど、私は学術的や専門的にではなく、一般人として、生活者として、ノンバイナリーの人たちのことが体感的に少しわかったような気がした。

私にできることは何か

〝私にできることは何か〟を追いかけて、ここまで走ってきた。子供の2回のカミングアウトを経験して、子供のことをなんとか理解しようと勉強し情報も集めて、当時の私はすべて整理できたつもりだった。整理できたのだから、私の第二の故郷である日本で暮らす人たちに向けて、これから日本でも広がるであろうノンバイナリーの子供たちのカミングアウトについて、私の経験をもとに書籍にしようと決めたのだ。しかし、実際に経験を綴ってみると整理できていたはずの知識や情報が、全く整理できていなかったことに気がついた。次から次へと溢れ出てくる疑問と不安。身近にいる当事者であるアレックスに聞いても、納得できる答えは返ってこない。特に私が子供の時に受けた性的暴力のトラウマが時に冷静で客観的な思考と対話の大きな壁にもなって、いつも最後には泣き出してしまうのである。そんなことを続けていくうちに、私のメンタルは限界に達し、ベッドから起き上がれなくなってしまった。体調のすぐれない日々が続いた。この経験を整理できないのであれば、この本の執筆はやめた方がよいのだろうかとも考えた。しかし、編集者の言葉をきっかけに三人の方から話を聞くことができ、そして、決めた。この混乱も含めてすべて書いてみようと。

子供のカミングアウトの後、私はアライになると決めた。その後、さまざまな活動にも参加したが、途中で体調を崩し、しばらく活動をお休みしていた。その間、私はアライについてもう一度整理してみようと考えた。アライになるためには、相当のエネルギーが必要だ。私はアライになると決めたとたん、がむしゃらに動いて自分のエネルギーを使い切ってしまったようだった。今になって思う。私はアライの活動を多少勘違いしていたのかもしれない。自分を大切にできない人に、アライはできない。これからは、言っていいことと言ってはいけないこと、自分にできることとできないことを判断し、しっかり区別して活動しよう。その代わり、言ってはいけないこと、とされている課題に関しては、当事者と話すのではなく、同じ経験をした女性たちと会って話そう。

日本は私が生まれた国。第二の故郷でもあり、今まで生きてきた人生の半分以上を暮らした土地。これからも私は、アメリカと日本を身体が動かなくなるまで行き来するつもりだ。日本で私と同じような経験をして、悩んでいる人がいたら助けてあげたい。

「あなたの気持ち、よーくわかるわ」と言ってあげたい。


そういえばこの夏、サプライズの連絡があった。2年前に、電話で出産のサポートをした女性から「お久しぶりです」とコンタクトがあったのだ。

「あら、元気？」と私が聞くと、

「うん、大丈夫」と答えた。

メッセージの写真には彼女ともう一人が写っている。小さくて、顔は見えないが、肩を組んでいるのはわかった。

「ベイビーは？　もう、2歳よね」と聞いたら、彼女は笑い出して、「性格が私にそっくりなの！この子、絶対手を焼かせるな〜って、今から心配で」と大声を出して笑った。私もつられて、「あらら、それは大変ね。でも、そこまで似ているなら、彼女の行動も予測できるでしょう」と言った。

「そうね、確かに」と返ってきた。

「また連絡して」と言ったが、彼女の返事はなかった。

何かしたい、してあげたい、という思いはシンプルなものだ。

何も感謝してもらいたくてしているわけではない。それでも、こうして縁あった人たちや仲間たちと、ほんの少しの温かい交流があるだけで、私のエネルギータンクはすぐに満杯になる。単純。でも正直なところそう。

当事者や親にもアライは必要だが、アライにもアライが必要なのだ。

「これは自分のことなので」

先週、子供の代名詞を子供の前で間違えた。

「あ、ごめん」と言った私を見たアレックスが何か言いたそうだったので、「謝っちゃいけないんだよね」と私は言った。

いまだに難しい。

子供は言った。

「そんな難しいことじゃないんだけど」

今までも何度か言われた。そのたびに私は何も言わなかった。でも今日は思いきって伝えた。

「あのね、あなたのそのコメント、違うから」

「え？　どういう意味？」

「当事者の気持ちは当事者にしかわからない、とあなたもセーラもずっと言ってきたわよね」

「うん」

「ならね、『そんなに難しいことじゃないんだけれど』っていうのは、私以外の他の人には、そう簡単には言えない言葉だって認識してもらいたいの」

アレックスが話しそうになったので、「ちょっと待って。いい？　こういうことなの。あなたがいつか58歳の女性になって更年期を経験して、体がガタガタになって強い薬を飲みながら重い病気と戦うってことがあったら、そう言ってもいいから。でもね、私にとって何が難しいかは私が決めるから」

アレックスはびっくりした表情を隠せないのか、隠そうとしないのか。

「そういう意味じゃない」と、すぐに言ったが、「ううん、これは私の言い分も聞いて。あなたに決められないこともあるの。私と似たような経験をしてもいないあなたにはわからないこともあるの」

「そうかな」と首を傾《かし》げたアレックスには、これ以上言う必要はないと判断した。

久しぶりにアレックスとセーラに会おうと決めて二人をブランチに招待した。三人でのブランチ。心のどこかでは〝また怒られそう〟と思ったが、カミングアウトに関する話は一度や二度では終わらない。難しい話なのだ。

私はこの本をあえて日本語で書いた理由を二人に説明していなかった。

そのことから話をしようと思った。

「私が経験していることは、アメリカではもうすでにいろいろな本にされているわよね。だから私は、わざわざ私が英語で書く必要がないと思ったの。だけど、日本にはこのような本があまりないのよ。書くからにはリスクはあるわ。あなたたち二人の名前と実際にあったことを書いているのだから。この本が英訳されるとは思っていないけれど、二人の話を書いてしまった以上、一応あなたたちにも内容を知ってもらいたくて」

そう伝えて、二人に対して書いた内容をすべて説明していった。約2時間がたった。二人とも文句も言わずに聞いていた。

「あなたが二度目のカミングアウトで言った、『これは自分のことなので』という言葉、覚えてる？　私がその後、『あれは好きじゃなかった』って言ったあの言葉」

「ああ、覚えてる」

「今日はそれを私のセリフにさせてもらうからね」

アレックスもセーラも無言だ。

「意味わかんない」とアレックスが言った。

「私があなたのカミングアウトに関する本を書いた理由。これはあなたのことではなくて、私のことなの」

アレックスが苦笑い。

「そっか。わかる感じがするよ。確かに子供を作らないと二人で決めた以上、自分たちは親にはならないので母さんの気持ちには共感できないかもしれないけれど、言ってることはわかるよ」

私は自分の気持ち、特に感情の浮き沈みと心の中にあるモヤモヤしたフラストレーションに向き合って、理解し解決するのに必死だった。アレックスの気持ちには配慮していたものの、自分のことにより集中していたのだ。

次から次へと内容を説明していくと、最後は二人とも祝福してくれた。


子供のカミングアウト。

それは、巨大なストレスを伴う人生の大きな、大きな経験の一つであった。私も成長した。大切な家族。これからも、家族であることを誇りに思い、愛し合い、楽しい経験をたくさんして、思い出をたくさん重ねていきたい。


本音で言える。

子供への愛は本物。

何があっても変わらない。

何度カミングアウトされてもいい。

私から子供への愛はそのままなのだから。

アレックスからエスカへ――私たちのノンバイナリー協奏曲

東京の浅草と下北沢に、アレックスとセーラのお気に入りのセレクトショップがある。古着とオリジナルを中心にしたユニークなラインナップに二人とも夢中になっていた。センスがいい二人。２０１９年に二人を東京観光に招待した時に、二人が発見してくるお店は「私も行きたい」と思うようなところばかりだった。

彼らが帰国した後、浅草のお店に初めて入った時、「これはあの二人が気に入るわね」と声が出たくらい。大胆でカラフルで美しいデザインの服がみっしりと並んでいる店内はとっても楽しい！　見てまわっているうちにふと思いついてアレックスとセーラにビデオ通話。たちまち、アレックスとセーラと一緒に「これはどお？」「色違いはある？」と。オンラインショッピングの時間になった。私たち三人は体のサイズは違うが、みんなゆったりとした洋服が好きなのだ。以来、東京に行くたびに私は、「これ、アレックスが好きそう」「セーラと私でシェアできそう」と、三人で着られる服を探しに行き、たっぷりお土産を抱えて帰ることになる。

以前は、アレックスと会う前にはいつも「今日は何を着てくるかな」と気になっていた。最近は、「私が買ったものを着ているかな」と思うようになった。

思ってもいなかったハッピーな話。

私と同じ服を着る子供。子供夫婦の間で洋服をシェア。私とセーラの間で洋服をシェア。「あのシャツ貸して」という新しいメッセージが電話とSNSで今でもやり取りされている。

ノンバイナリーの子供を持つとこのような嬉しい話もあるのだ。


2024年の秋。最近の私たち家族は、なんというか、そう、仲がいい。

最近ますます料理にハマっているアレックス。料理と食べることが大好きなアレックスとセーラ、そしてデヴィッドと私が会う時は、必ず美味しい食事が間にある。

私が作る、セーラが作る、アレックスが作る、そしてたまには外食。それぞれのおしゃべりが止まらない賑《にぎ》やかな食卓、そんな時間を共にできる関係は本当に単純に幸せで嬉しい。

次はアレックスたちと何を食べようかと考えるだけで大きな笑みが浮かぶ。

そんなある日、また〝事件〟があった。

コスメボックスの中に買った覚えのない口紅を発見した。試してみたが私には全く合わない色なのだ。すぐセーラに連絡して、「これ、あなたにどうかしら？」と聞いてみた。

「私もその色は無理。でもね、エスカが好きかも。最近メイクにハマってるし」

エスカ？

誰それ？

「エスカって誰？」と聞いたことのない友達であろうと思い込み、つい質問してしまったのだが、セーラの回答はまた思いがけないものだった。

「あ、ごめん。これ、私が言うべきじゃなかったの」

数日後の金曜日の夜、二人のところに行ってギリシャ料理を楽しむ予定が入っていた。

「そこでまた聞いて」と彼女に言われた。

意味がわからない。一瞬そう思ったのだが、すぐに「いいや、もうわからないのには慣れてるし」と気軽に考え方を変えたのだ。

金曜日のディナー、ギリシャ料理のご馳走《ちそう》はセーラとアレックスのお手製。二人は料理が上手。いや、〝上手〟では済まされないほどの〝プロ級〟なのだ。

食事中、セーラがポロッとまた「エスカ」と言った。これをきっかけに私は、「エスカって誰のこと？」と質問した。今度はアレックスが答えた。

「それ、今、試しに使っている自分の新しい名前」

ほぉ。また慣れないことをしなくてはいけない。でも、今回は理解したいという気持ちに揺さぶられることなく、素直に「オッケー。わかった」と答えられた。

「結構考えたんだよ、この名前」とアレックスは説明し始めた。アレックスという名前も男女共用できる名前だけれど、「もっとカッコいい名前が欲しくて」と照れながら話し出した。

「アレキサンダーが本名。アレックスは子供の頃からの呼び名。これを大きく変えようという気持ちはない。でも、子供の頃から周りにはアレックスという名前の子が大勢いたし、もう少し自分のアイデンティティーを表現したいと思い始めたんだ」

「いいじゃない、それ」と私とデヴィッドも言った。

「エスカっていうのは、アレキサンダーという名前をゆっくり発音すると、現れる三文字なんだとわかって、それにしたんだけれど。どう思う?」

エスカ。いい名前だと思う。

「これって本格的に変えるの? パスポートとか出生届けとか」と聞いた私に「いや、そこまでは考えていない。とにかく今は試しに名前を試着しているって感じ」とアレックス。

名前を試着。さすが我が子。言葉を綺麗に丁寧に選んで話す。迫力があるのだ。

「その名前、似合うよ」とまた私とデヴィッドが言った。簡単に意見が一致する私たち夫婦。なんか急に肩が軽くなった。夫と同じことを考えているという事実がとても自然。子供もどんどん違うことに挑戦している。勇気ある行動をとる子供を見てまた笑みが浮かぶ。

「もう、理解なんていらない」、というと嘘になる。同時に、「やっとわかった〜」と言いたい気持ちがせめぎ合っている私。あんなに「子供のためには全部理解しなきゃ。理解できないと何もできない」と思い込んでいたけれど、でも今は、それに縛られるような考え方から離れていく必要もあると感じられるようになった。また、徐々に離れていけているのもわかる。子供のためなら、という意識を変えてから「わからなくていいの」と自分に言えるようになった。

この本のタイトル、「協奏曲」に込めた思いと同じだ。
それぞれの音がいつかハーモニーを奏でられるようになるには、自分の音を出すだけではなく、他の音色に耳を澄ませて、目指す高みに寄り添う必要もある。今はまだまだ、コンサートを開けるような出来ではないけれど、少しずつ私たちファミリーの〝音色〟ができつつあるような気もしている。

ここまでたどり着くのは長い道のりだった。けれど、歩いてこられてよかった。
やるじゃん、アミア。もっと頑張りな。そして、どんどん世界を広げていけるように。
努力する。
うん。
できる。
やる。
楽しんでいこう。

P.S. タイトルの「800日」について。
告白すると、タイトルを決めて日本の書店にアナウンスした後、この本は一度出版を延期している。いつまでたっても終わらない執筆の日々が、現時点でとっくに800日は超えていることについては、どうか突っ込まないでほしい。そう、私のノンバイナリー協奏曲はまだまだ続いていくってことなのだから。

Archie Bongiovanni, Tristan Jimerson, *A Quick & Easy Guide to They/Them Pronouns: Friends & Family Bundle (Quick & Easy Guides)*, Limerence Press, 2021.

Laura Kate Dale, *Gender Euphoria: Stories of joy from trans, non-binary and intersex writers*, Unbound, 2021.

Jeannie Gainsburg, *The Savvy Ally: A Guide for Becoming a Skilled LGBTQ+ Advocate*, Rowman & Littlefield Publishers, 2023.

LGBT法連合会「LGBTQ報道ガイドライン(第2版)」2022年

神谷悠一、松岡宗嗣『LGBTとハラスメント』集英社新書、2020年

ジェマ・ヒッキー、上田勢子(訳)『第三の性「X」への道——男でも女でもない、ノンバイナリーとして生きる』明石書店、2020年

松岡宗嗣『あいつゲイだって——アウティングはなぜ問題なのか?』柏書房、2021年

勝又栄政『親子は生きづらい——“トランスジェンダー”をめぐる家族の物語』金剛出版、2022年

神谷悠一『差別は思いやりでは解決しない——ジェンダーやLGBTQから考える』集英社新書、2022年

エリス・ヤング、上田勢子(訳)『ノンバイナリーがわかる本——he でも she でもない、they たちのこと』明石書店、2021年

周司あきら、高井ゆと里『トランスジェンダー入門』集英社新書、2023年

マイカ・ラジャノフ、スコット・ドウェイン、山本晶子(訳)『ノンバイナリー——30人が語るジェンダーとアイデンティティ』 明石書店、2023年

反トランス差別ブックレット編集部(青本柚紀、高島鈴、水上文)『われらはすでに共にある——反トランス差別ブックレット』現代書館、2023年

高井ゆと里、周司あきら『トランスジェンダー Q&A——素朴な疑問が浮かんだら』青弓社、2024年

高井ゆと里(編)『トランスジェンダーと性別変更——これまでとこれから』岩波書店、2024年

山内尚(漫画)、清水えす子(文)『シミズくんとヤマウチくん——われら非実在の恋人たち』柏書房、2024年

アビゲイル・シュライアー、岩波明(監訳)、村山美雪・高橋知子・寺尾まち子(訳)『トランスジェンダーになりたい少女たち——SNS・学校・医療が煽る流行の悲劇』産経新聞出版、2024年

参考文献

Judith Butler, *Undoing Gender*, Routledge, 2004.

Sara Cunningham, *How We Sleep at Night: A Mother's Memoir*, CreateSpace Independent Publishing Platform, 2014.

Jazz Jennings, *Being Jazz: My Life as a (Transgender) Teen*, Crown Books for Young Readers, 2016.

Charlie McNabb, *Nonbinary Gender Identities: History, Culture, Resources*, Rowman & Littlefield Publishers, 2017.

Lee Airton, *Gender: Your Guide: A Gender-Friendly Primer on What to Know, What to Say, and What to Do in the New Gender Culture*, Adams Media, 2018.

Sarah Gibson, J. Fernandez, *Gender Diversity and Non-Binary Inclusion in the Workplace: The Essential Guide for Employers*, Jessica Kingsley Publishers, 2018.

Christina Richards, Walter Pierre Bouman, Meg-John Barker, *Genderqueer and Non-Binary Genders (Critical and Applied Approaches in Sexuality, Gender and Identity)*, Palgrave Macmillan, 2018.

Mason Funk, *The Book of Pride: LGBTQ Heroes Who Changed the World*, HarperCollins Publishers, 2019.

Micah Rajunov, Scott Duane, *Nonbinary: Memoirs of Gender and Identity*, Columbia University Press, 2019.

Eris Young, *They/Them/Their: A Guide to Nonbinary and Genderqueer Identities,* Jessica Kingsley Publishers, 2019.

Meg-John Barker, Alex Iantaffi, *Life Isn't Binary: On Being Both, Beyond, and In-Between*, Jessica Kingsley Publishers, 2019.

Alok Vaid-Menon, *Beyond the Gender Binary*, Penguin Workshop, 2020.

Jamie Windust, *In Their Shoes: Navigating Non-Binary Life*, Jessica Kingsley Publishers, 2020.

Stuart Getty, *How to They/Them: A Visual Guide to Nonbinary Pronouns and the World of Gender Fluidity*, Sasquatch Books, 2020.

Ben Vincent, *Non-Binary Genders: Navigating Communities, Identities, and Healthcare*, Policy Press, 2020.

Jos Twist, Ben Vincent, Meg-John Barker, Kat Gupta, *Non-Binary Lives: An Anthology of Instersecting Identities,* Jessica Kingsley Publishers, 2020.

Krys Malcolm Belc, *The Natural Mother of the Child: A Memoir of Nonbinary Parenthood*, Counterpoint Press, 2021.

この本は書き下ろしです。

アミア・ミラー

AMYA MILLER

1966年、日本生まれ、東京と北海道育ち。ゴーシェン大学で社会学を学ぶ。卒業後は日本の民間企業や駐日米軍、FBI、アメリカ大使館などで通訳者・翻訳者として活動。2011年～20年、東日本大震災のボランティアをきっかけに陸前高田市の海外広報ディレクター、特別顧問に就任する。現在はフリーランスのライターとして活動。
著書に『TSUNAMI: Our Shock, Pain, and Resilience』(戸羽太(前・陸前高田市長)共著／TRANS PACIFIC PRESS)、『The Extraordinary Voyage of Kamome いつまでもともだちでいようね』(Lori Dengler 共著、植木笑 絵／Humboldt State University Press)、『AND THEN I FELL APART』(Amazon)
アメリカ・シアトル在住。
https://amyamiller.com

ノンバイナリー協奏曲《きょうそうきょく》

「もう息子《むすこ》と呼《よ》ばないで」と告白《カミングアウト》された私《わたし》の８００日《にち》

2025年１月29日　第１刷発行

著　者　アミア・ミラー

発行者　樋口尚也

発行所　株式会社 集英社
〒101-8050 東京都千代田区一ツ橋２－５－10
電話　編集部 03－3230－6141
読者係 03－3230－6080
販売部 03－3230－6393（書店専用）

印刷所　大日本印刷株式会社

製本所　加藤製本株式会社

ISBN978-4-08-781753-9　C0095